一流の人は小さな「ご縁」を大切にしている

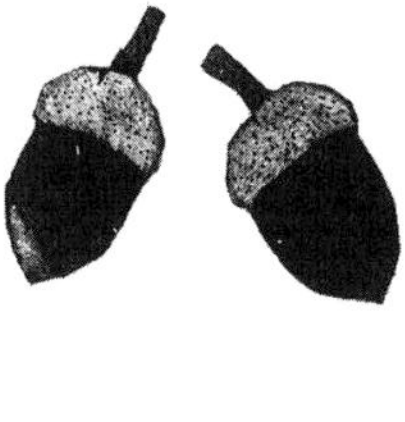

高井伸夫

かんき出版

まえがき

50年余、私は労務・人事を中心に、企業の安定した成長戦略をお手伝いしています。その間、仕事柄、社長、経営幹部をはじめ、各界の信望の厚い方々に数多くお会いしてきました。

このような成功されている人や一流の人のほとんどが、その成功要因について、「ご縁に恵まれました」と言われます。しかし、誰でも大きな縁には気を入れて接しますが、この人たちは、小さな縁をも大切にしているのです。

たとえば、２０１５年ノーベル賞を授賞された大村智氏が、母校での講演で、「成功する秘訣は、一期一会《いちごいちえ》の出会いを活かすことです」という趣旨の話をされた——との報道を私は覚えています。まさにその通りです。

今年5月に傘寿《さんじゅ》（80歳）を迎えた私自身もいま、

「ご縁とは不思議なものだなぁ。ありがたいものだなぁ。自分一人の力など大したことはないけれど、ご縁あって結ばれた人たちの助けがあって、今日の私がいる」

という感慨を、あらためて深めています。

この方たちとの一人ひとりの縁が「点」だとするならば、その点が縦横無尽に結びついて私の人生が綴《つづ》られてきたわけです。

しかし縁とは、意識していないとスーッと目の前を通り過ぎてしまいます。

今回は、そういう思いを込め、同時に私が多くの人から学んで実践してきた〝縁づくりの智恵〟を洗いざらい開陳させていただきました。

本書を読んでくださったみなさまが、今後もどんどん縁を広げ、深めて、豊かな人生を歩んでいかれることになれば幸せです。

２０１７年５月

高井伸夫

プロローグ

人生を、決定的に豊かにするために

「あなたが今いちばん親しくしている方やお世話になっている方（たとえばAさん）とは、どういうご縁で知り合いましたか」

「もし誰か（Bさん）のご紹介だったとしたら、では、そのBさんとは、そもそもどういうご縁でつながりましたか」


このようにCさん、Dさん……と縁を辿《たど》っていくと、時間や場所が少しズレていただけでも、Aさんにはお会いしていなかった可能性もあります。

それを思うと、縁ほど不思議で、ありがたいものはありません。

ここで忘れてならないことがあります。

おそらくAさんに対しては、誰もが大切にされていると思います。しかし、**縁をつないでくれたBさんに感謝していることを、まわりの人にも話していますか。**

このようなことに意識を持って気を使っているあなたに、聞いた人は「律儀な人だなぁ」と感じる。

新たな縁が生まれる下地をつくっているとも言えます。

また、「せっかく知り合った今日のご縁を、誰に紹介するのがいちばんいいか」などと意識してみることも大切です。つまり、この意識が**「相手が喜ぶことは何か」を考える習慣をつくる**ことになります。

まだ二十数年の人生でも、30年、40年、50年の長い年月を重ねた人生でも、老若男女、誰もが、

「人や仕事、モノ・コトのすべてが、何らかのご縁によってつながり、今の自分がある」ということを身にしみて感じることがあるでしょう。

これまであった数々の出会いを、「もしあのとき、あの出会いやご縁がなかったら」

と仮定したなら、あなたの人生はずいぶん違ってきたと思いませんか？
縁というのはそのくらい人生に深く関わってきます。ふだんは意識せずとも、さまざまな縁をつないできた結果、いまの自分があるのです。

もしあなたがいまの自分に満足していないとしたら、つなぎそこねた縁がたくさんあったと考えてもいい。人生がうまくいくもいかないも、どこからか自然に降ってわいてきた縁に気づき、それを大切に紡いできたかどうかにかかっているのです。
「大なり、小なりのご縁をいい形でつなげ、深めていくことが、いい人生をつくる」
つまり、人生とは「数々の縁がつながって描き出すドラマ」と言えます。

「小才は縁に出合って縁に気づかず、
中才は縁に気づいて縁を活かさず、
大才は袖振《そでふ》り合う縁をも活かす」

これは、徳川将軍家の剣術指南役に留まらず、幕閣《ばっかく》として大きな影響力を持っていた柳生家の家訓といわれているそうです。

才能豊かな人は、わずかな触れ合いでも縁に気づき、その縁を活かして、さらに豊かな人生を歩むことができる、という意味です。

身近に生じた縁がどこでどうつながって、どんな人生を描いていくかわからないだけに、どんな縁も軽視するわけにはいかないのです。

「縁に気づく感性」を高める

縁はそこらじゅうに転がっています。始終、自然発生的に生じています。ですから本来なら、縁に気づくのはそう難しいことではありません。ところが「縁に気づく感性」が磨かれていないと、必然的に「結ばれないまま捨て置かれる縁」が増えてしまうのです。

そうなると、たとえば出会う人の数が減ります。得る情報や知識が減ります。仕事の量や質が低下します。仕事の幅を広げることができません。モノによって暮らしを豊かにすることも、趣味の世界を広げることもかないません。

ゴミにした縁はいわば〝宝の山〟なのに、それらをみすみす見逃すということは非常にもったいないことなのです。

では、「縁に気づく感性」を高めるには、どうすればよいのか。ポイントは、おもに五つあります。

ポイント① 感謝ぐせを身につける

人間は一人では生きられません。さまざまな人やモノに助けられて、この世に生かされています。

そのことに感謝する気持ちがあれば、自ずと「縁に気づく感性」が磨かれます。なぜなら出会った人・コト・モノとの縁を大切にしようと努めるからです。

たとえ何かの会合でたまたま席が隣り合っただけの縁でも、その人との出会いを「ありがたい」と思えばこそ、会話の一つもしてみようという気持ちになります。

そこから、縁がつながっていくのです。

もしかしたら、その人との話が新しい発想を生むきっかけになるかもしれない。その人と意気投合して、人生・仕事の良きパートナーになるかもしれない。自分がいままで知らなかった世界を開いてくれるかもしれない。

縁という偶然を必然に変えるには、感謝の気持ちが欠かせません。

ポイント②　好奇心を持って行動する

「知りたい」「やってみたい」ことが増えれば増えるほど、情報アンテナの感度が鋭敏になります。それによって、縁を自然と引き寄せることができるようになるのです。

たとえばテレビを見たり、本を読んだり、人と話をしたりしているときでも、自分の知らない情報・知識と出合ったら、それをすぐに深く掘り下げる。あるいはそこから派生するさまざまなジャンルにまで興味を広げていく。

そうすることで、自分自身の人間としての幅が大きくなっていきます。

そもそも情報・知識というのは、好奇心のある人のところに集まってくるものです。無趣味・無関心・無感動な生活に甘んじていると、行動範囲が狭くなるだけではなく、〝成長しない人間〟になりかねません。

好奇心の翼を広げれば、たくさんの縁に出会います。

ポイント③　自分自身の強みや魅力をよく知る

せっかく縁ができても、相手に「また会いたいな」と思ってもらえる何かがないと、つき合いを積み重ねていくことができません。

そういう人は、今までに周囲から褒められたり感謝されたりしたことや、そんなに苦労せずにできたことを思い出してみてください。どんなに小さなことでもいい。たとえば「凄い！　簡単にできますね」とか「あなたの笑顔に元気がもらえます」など。いただいた褒め言葉はそのまま自分の強みであり、魅力なのです。自信を持ってアピールしましょう。この自覚や意識のない人が、意外と多いのです。

ポイント④　相手を知る

自分をアピールするにしても、相手の心に響かないと、コミュニケーションがこちらからの一方通行になります。それでは縁を結ぶことが難しい。

それを解決するためには、「相手が何に関心を持っているのか」「何を認めてもらうと嬉しいのか」を知ったうえで、自分は相手に何を提供できるのか、どうすれば喜んでもらえるのかを考える必要があるでしょう。

「人を知る者は智《ち》なり、自ら知る者は明《めい》なり」という老子《ろうし》の言葉があります。他人のことを理解できる人は智恵の優れた人であるけれど、それ以上にすばらしいのは、自分自身のことをよく知っている人である、という意味です。

これはそのまま「縁に気づく感性」を高めるための心がけにつながります。相手のことを理解し、同時に自分自身のことがよくわかっていることが重要なのです。

このポイント③と④をセットで捉《とら》えてください。

ポイント⑤ 自然をよく観察する

人間は自然の一部です。縁もまた作為的に得られるものではなく自然に、ある意味で偶発的に生じるものです。ですから自然との関わり合いのなかで、その変化をしっかり観察していると、ひょいと顔を出す縁に気づくことができるようになります。

たとえば強風が吹き荒れたとき、木々の揺れに目を向けてごらんなさい。一見強風に負けそうもない太くかたい幹を持った木がボキッと折れてしまう。一方で、いかにも弱そうな竹がまさに「柳に風」としなって持ちこたえる、そんな様を目にします。

その観察のなかで「本当の強さとは、柔軟さにあるんだな」と感じたら、それは

「無言の教え」との出合いにつながります。

これは日本人が得意なことです。誰かと会ったり、手紙を出したりするとき、時候の挨拶から入ることが多いですね。自然を観察してコミュニケーションに活かす術が身についているのです。その感性を存分に発揮してください。必ずや、縁づくりに役立ちます。

以上、「縁に気づく感性」を高めるポイントをまとめました。

本書ではここを深く掘り下げると同時に、出会った縁を広げ、深め、そして長く続けていくための心づかいや、そのためのシステムづくり、さらには悪い縁を見分けていく方法などを書いていきます。

人間には宿命と運命があります。宿命を変えることはできませんが、運命を変えることは可能です。その運命を変えるものは、縁を活かす力。

あまたの縁から良縁を育て、豊かな人生を築いていきたいものです。

一流の人は小さな「ご縁」を大切にしている——目次

1章 「縁の種」を蒔《ま》く 21

2章

「縁」を広げる、「縁」を深める

3章 「縁つなぎ」のシステムを構築する

4章 だから「縁」が遠ざかる

5章 「縁」の切れ目に注意する 159

6章

「縁」が明るい未来をつくる　179

装丁　石間 淳
装画　オオヒロ ヨーコ

1章

「縁の種」を蒔《ま》く

1

種を蒔くからこそ「縁」は豊かになる

縁というのは人知の及ばないところで働く「神の采配」ではないかと思えます。

そうでなければ、なぜ大勢の人たちのなかからこの人と出会ったのか、説明がつきません。もし地球の面積や人口などから出会いの確率を割り出したなら、間違いなく限りなくゼロに近い数字になるでしょう。

誰かと出会ったこと自体が奇跡のようなものなのです。

試しに、いま親しくしている人たちを数え上げながら、「どうして私たちは出会ったのだろう」と思い出してみてください。その大半が「たまたまの出会い」だったのではないでしょうか。

「空き時間ができて、ぶらりと立ち寄った画廊で知り合った社長にスカウトされた」

「義理で出席したパーティを早めに退出しようとしたとき、たまたま知り合いが遅れて出席し、彼の知人を紹介された」

「前の仕事を辞めて暇だったので、知り合いに電話をかけまくっていたら、たまたま自分の望む仕事をしている人を紹介され、願ってもないオファーをいただいた」

「いつもより早い電車に乗ったら昔の同級生に会い、彼から読み終わった新聞を渡されて見ていたら、求人欄に出ていた会社に惹かれた。応募したら採用され、20年たった今は副社長をしている」

……など。なかには極端な話、「出かけるのが数分違っていたら」「予定を変更しなかったなら」「気まぐれを起こさなかったら」出会えなかった人もいるでしょう。

このような〝出来過ぎた偶然〟に思える出会いの話は、そこらじゅうに転がっています。

自分のすぐそばにある縁を、縁と気づくかどうか、活かせるかどうかによって、私たちの未来が変わってくるのです。

「まえがき」にも、大村先生の「一期一会の出会い」を書きましたが、日本語には「一期一会」という美しい言葉があります。もともとは茶会の心得として説かれたものですが、誰と会うときもそれが生涯一度切りだと思って大切にしなければならない、という教えです。

私は以前、樂吉《らくきち》左衛門《ざえもん》先生のお茶会にお邪魔したことがあります。樂家は千家《せんけ》十《じっ》職《しょく》の一つで、吉左衛門の名は、楽焼の茶碗をつくる茶碗師が代々襲名しています。私がお会いした現在の当主は、第十五代です。

そのお茶会で、先生は六つのお茶碗を見せてくださり、参加者が自分の好きな茶碗を選び、その理由を述べる機会が設けられました。そして、それぞれの茶碗について、作家のいわれや何を表現しているかなどを講釈してくださったのです。

おそらく同じメンバーで、同じ茶碗を用いて、同じことをやっても、二度と同じような結果にはならない一度きりの場であり体験でしょう。そのときの気分によって選ぶ茶碗は違うだろうし、先生の講釈も常に同じ視点で行われることはないからです。

「一期一会」の言葉は何度も聞いていましたが、あらためて実感した瞬間でした。

たまたまいただいた縁を、「いやぁ、偶然ですね」と驚いておしまいにするのは非常にもったいない。次の展開につなげて初めて、それが正真正銘の縁になるのです。

そのためにも「一期一会」の精神で相手を尊重し、「人との出会いは一生に一度かもしれない」と思えばこそ、その縁を大切にする気持ちが生まれます。

「もう会うこともないだろうから、どうでもいい」などと思うようでは、縁を広く深くつなげていくことはできません。

たとえ道で行き会いちょっと言葉を交わしただけ、レストランなどで席が隣り合っただけ、遠くから姿を見ただけ、というような出会いでも、その縁が後々どんな関わりを持つようになるかは予測不可能です。

「袖振り合うも多生《たしょう》の縁」と言われるように、出会ったそのときを大切にしたいもの。つまり、**「気を入れて、相手に接する」**を意識していないと、漠然とコミュニケーションしてしまう結果になることが多いと思います。

この意識をもって人と接すると、その日はたとえ挨拶一つで終わったとしても、自分の心にも、相手の心にも、「縁の種」がしっかり蒔かれるのです。しかも行動範囲が広くなればなるほど、種は増えていきます。そうして自分の歩む道筋の至るところに蒔かれた「縁の種」たちが、人生を豊かにするきっかけをくれるのです。

2 「縁」には三つのつながり方がある

人生に影響を与える縁や出会いには、三つのつながり方があるように思えます。それは「天」「地」「人」ではないでしょうか。

一つは、**「天」から授かった縁**です。前項でも書きましたように、人と人との出会いには、「天」の配剤の妙としか思えないことがあります。多くの方も同じような体験をしていることでしょう。「人は会うべく人に会っている」と言います。ですから、出会った縁を感謝して受け入れて、なるべく自分から一声かけるようにしているのです。縁は一人では成り立ちません。そのことを考えながら「天」という字を見ていたら、象形文字とは違いますが、人の上に二本の一がある。妙に納得したものです。

一つは、**「地」つまり環境から得られる縁**です。これを考えるとき、孟子《もうし》の母の

「孟母三遷《もうぼさんせん》」が頭に浮かびます。この故事は、「人は良い環境のなかに置かれれば、すばらしい師や先輩、仲間など多くの良縁に恵まれて、優れた人間に育つ可能性が高い」という主旨です。逆に言えば、悪い環境には距離をおく勇気が必要です。

このことは、三度の失脚を繰り返しながら中国の不倒翁と言われている故・鄧小平の生家を四川省広安県に訪ねたときにも実感しました。私は上海に事務所を置いている関係で、よく中国に出向いています。彼の生家で目にしたのが次の標語です。

芳流徳祖　忠孝伝家久　詩書継世長（祖先の徳は芳《かぐわ》しい流れとなり、忠孝の精神は久しく家を守り、詩書の嗜《たしな》みは世に長く引き継がれる）

この三行の言葉は私に、「徳や縁は、短期で答えを求めるのではなく、時間軸を長くして、滔々《とうとう》たる流れを意識することによって育まれる」と言っているようでした

鄧小平は16歳までこの地で育ちパリに留学します。それまで毎日、この言葉が目に入る環境で育ったということ――つまり「地」の縁に恵まれたことが、その後の波瀾《はらん》万丈《ばんじょう》な人生を、焦らずブレずに乗り切ったのではないかと思います。

もう一つは、**「人」とのネットワークで広がる縁、自ら求めていく縁**です。本書で詳しく書いていきます。

このように縁とのつながり方はいろいろです。

よく、「悪縁」と言うことがありますが、たしかに若者が心根の正しくない大人や先輩に出会ったために、つまらない考え方やあくどい心根を持って生きる道を選んでしまうことがままあります。

けれども、本人の受け止め方しだいで、悪縁を良縁とすることはできます。「反面教師」という言葉があるように、悪い手本・見本となる人物や事柄を見習ってはいけないと自戒すれば、むしろ正しく生きられます。

それに、悪縁と思われる縁も、この項の冒頭に書いたように、天が「道を間違えてはいけないよ」と警告を発するために出会わせたとも思えます。その意味では、悪い縁ではありません。

つまり、縁には良いも悪いもないのです。**良縁にするも、悪縁にするも、自分しだい。その縁を人生にどう活かすかを考え行動することが**求められているのです。

3 「縁」づくりは初対面で決まる

縁づくりがしやすいのは、お互いが「縁をつくりたい」と意識しているときです。なかでも初対面のときは、絶好のタイミングと言えるでしょう。

なぜなら互いに、相手のことを知りたいと思う気持ちが非常に強いからです。それだけ「縁の種」を蒔く土壌が整っているのです。

なかには「初対面のときの印象なんか、後からいくらでも挽回できるではないか」と思っている人もおられるかもしれませんが、そう簡単ではありません。

そもそも初対面のときに印象の悪かった人に「もう一度会いたい」とは思いません。もちろん仕事上でつながりのある人なら、イヤでもまた顔を合わせないわけにはいかないでしょう。それでも初対面の悪印象を挽回することは難しいのです。

自分が苦手意識を持った相手に初対面で対するときのことを考えると、よくわかります。無意識のうちに〝あなたのことが苦手です〟〝好きではありません〟のオーラが出ていたはずです。

そのオーラは確実に相手に伝わり、相手もあなたのことを良く思いません。逆もまた真なり。相手からの〝あなたのことが好きではありませんオーラ〟を受けると、こちらも相手のことを好きになれないのです。

どちらが先にこのオーラを発するにせよ、負の循環が始まると、初対面の印象はどんどん悪くなります。その後のコミュニケーションに悪い影響を与えることは言うまでもありません。

つき合いを続ける必然性のない相手であれば、なおさらのこと。「二度目」はないと思っていいでしょう。縁はそこで断ち切れてしまいます。

私はよく**初めて会った人には、裏を返しなさい**と言っています。初対面の出会いを二度目の会合につなげるという意味で、縁はより良いものになっていくからです。

では、どうすればよいか。

相手を変えることはできなくとも、自分が好印象を与えるよう心がけることはできます。初対面の人に対しては、相手がどんな人であれ、とにかく自分の存在を印象づけることが必要です。それには最初の3分を意識して、さらに良い印象を持ってもらうことに専心するといいでしょう。

そのためのノウハウは後で追々詳述していきますが、**いちばん大事なのは、会う前に「どんな人かな」とワクワクする気持ちを自ら高めて、つまりマインドセットをして接する**ことです。

そうすれば自分が発する〝あなたを好きになりたいオーラ〟が出て、相手が発するかもしれない〝あなたのことを好きではありませんオーラ〟を、うまく消すことも可能になります。

このように誰かと縁を結ぶ絶好のタイミングは、初対面のときであること。

そして縁が確定するのは、その出会いが二度目へとつながったときであることを覚えておいてください。

4 モノとの出合いも第一印象で決まる

人と同様、モノとの出合いでも〝初対面〟は大切です。

たとえば女性たちはよく、衝動買いをしたときに言い訳のように、こんなことを言います。

「私のところに来たがっていたのよ」

「私のことを待っててくれていたのよ」

それくらい、そのモノとの出合いが強烈だったのでしょう。

そういう第一印象は大事にしたほうがいい。何気なくふらりと立ち寄ったお店で、買うつもりもなく商品を見て回っただけのときでも、一目で気に入って買い求めたモノというのは、ゆくゆくは長い間大切に使う愛用品になることが多いそうです。

そんなときに躊躇《ちゅうちょ》して、「ほかのお店のモノをもう少し、見て回ろう」と思ったところで、「やっぱり前のがいい」となるのがほとんどのようです。下手をすると、あらためて買おうと思ったときに、すでに売り切れだということもあるでしょう。

また買わずにガマンすると、「ああ、買っておけば良かった」という後悔をずーっと引きずることにもなりかねません。

ところが、

「あんまり気に入らなかったけど、店員にしつこく勧められて買ってしまった」

「欲しくもないのに、人気のあるブランドものだったから買ってしまった」

「値下げ幅が大きく、お買い得だから買ってしまった」

というような気持ちで買ってしまったモノに対しては、なかなか長く使おうという気持ちが起きにくいものです。

もともとそんなに気に入っていないこともあって、買ったことに対する後悔のほうが大きくなってしまうからです。

このような買い物に使ったお金は〝死に銭〟と言ってもいい。たとえ安く手に入ったとしても、ぞんざいに扱うだけ。モノを通して心や暮らしが豊かになるはずはありません。

モノとの縁も人との縁と同じで、〝初対面〟の印象が良いほど、長くつき合えるのでしょう。

お気に入りのモノに囲まれていたほうが、ムダ遣いでいたずらにお金を減らすこともなく、暮らしも心も豊かになります。

もちろん衝動買いを礼賛するつもりはありません。単なる物欲から手あたりしだいに、気に入った、気に入ったと買いまくるのはダメです。

「一目で、気に入った」と心が動いた縁を大切にして、懐の許す範囲で買い物をしたときのほうが、満足度が高いと多くの人から聞きます。私もそうです。

5 「会えて良かった」と思ってもらう三つの力

仕事上などで、こちらが親しくしたくとも、相手に「別に……」とか「会いたいというほどの人でもない」と思われるようでは、縁はつながりません。そのためにも、相手に「会えて良かった」と思ってもらうことが重要です。

そのために三つの力を身につけたい。

一つ目は、**相手にとって参考になる意見や考え方を述べる力**。

ポイントはどんな話をするかを見極めること。いろいろな話をするなかで、相手が「ほう、おもしろい」と身を乗り出してきたり、次々と質問を投げかけてきたりすれば、それは興味がある証拠です。そういうサインを見逃さずに、話題を展開していくといいでしょう。

逆に、相手が通り一遍の返事しかしないときや、態度がそわそわと落ち着かないようなときは、話題を変えたほうがいい。相手にとって興味のない話をいくら続けても、うるさがられるだけで、縁にはつながらないのです。

二つ目は、**相手がしてほしいことを察する力**。

相手が困っていることなどを上手にすくいあげて、何らかの力になること。自分の力でできることがあれば提案してみる。もし自分が直接力になれない場合でも、「その件なら、力になれそうな人を知っています」という形で、誰かを紹介するという方法があります。

そして三つ目は、**相手と交わした会話について、互いが今後どう行動していくか、その見通しを明確に伝える力**。

ここをうやむやにしたまま会話が終わると、相手に「会えて良かった」と思ってもらうことはできません。そのときの会話を受けて、自分はいつごろ、どのように行動するのか、具体的に示す必要があります。

単に「力になりますよ」と言うだけでは、相手に「どうせ口先だけだろう。いつ何をしてくれるのだか、わかったものではない」と思われかねません。当然、次に会うことへの期待感が薄まってしまいます。

とくに気をつけなくてはいけないのは「今度」というあいまいな言葉。人づき合いにおいては、「今度、行きましょう」とか「今度、いい人を紹介しますよ」「今度、参考になる本を差し上げますよ」といった言い方をしがちですが、その「今度」は当てにはできません。「そんなこと、する気はないよ」と言っているのも同然なのです。

いつ行動を起こすのかを明確にしておくだけで、相手のあなたへの信頼度はまったく違ってきます。

もしいま一ついい提案ができないようなら、それを今後の課題とすることで合意しておくといいでしょう。

「ちょっと時間をください。来週辺りにもう一度お会いして、あらためて具体的な提案をさせていただきます」

などと次回の宿題を決めることです。

そうすれば、次の機会も自動的に得られます。それまでにちゃんと提案を用意しておくことをお忘れなく。

さらに言えば、**どんな場合も必ず「私だったらこう考える、こうする」という形をとることを心がけましょう。**そうすれば、こちらの意見や提案が押し付けがましく受け取られることはありません。相手はきっと、「貴重な参考意見が聞けた」と思ってくれるはずです。

以上、三つの力を身につけて、相手に「会えて良かった」と思ってもらえるよう、初対面のひとときを大事に過ごしましょう。

6 まず相手の話を真剣に聞く

初対面の人はもとより、まだつき合って間がない人に対しては、「また会いたい」と思ってもらうことが必要です。このプロセスを経なければ、せっかく蒔いた「縁の種」から芽は出ません。

と言うと、「よし、相手の記憶に残るよう、強烈な自己アピールをしよう」と思うかもしれませんが、それは早計です。

一、二度会ったくらいでは、まだ互いが互いを受け入れる態勢が整っていないので、いきなり自己アピールをすると「図々しい人だな」という印象を与えます。しかもその話題に相手が興味を示さなければ何の意味もありません。

ですから、自己アピール以前に大切にしたいことは、相手がどんな話に興味を持つかを知るために、「まずは相手の話を真剣に聞く」ことです。

自分の話に耳を傾けてくれる人に対して、人間は好感を持ちます。時間がたつのを忘れて、いろいろな話をしてくれることもあるのです。そのような時間を持てる人とは自然と「また会いたい」と思ってくれるようになります。

つまり「**相手の話を真剣に聞く**」**ことは、受け身のコミュニケーションのようでいて、実は強烈な自己アピールにつながる**のです。

「あなたは聞き上手だな。私の話を真剣に聞いてくれるものだから、つい乗せられて、いろんなことをしゃべっちゃったよ。実に楽しい時間だった。また会いたい」

このような形で、自分の存在を相手の記憶に残すことができれば最高です。

その際、相手の話のなかには自分があまり興味を持てない話題や、うなずきにくい意見があっても、それにはこだわらず、違いを明確にしないほうが賢明です。

自分には興味のない話題であっても、だからこそ知りたいという気持ちを動かす。賛同できない考え方、感じ方があっても、異論をさしはさまずに違いを楽しむ感覚で対応する――そういった配慮が必要です。

何も「迎合しなさい」と言いたいのではありません。相手に気持ちの良い会話を楽しんでもらうために、あえて相手を否定するような発言は控えておく、ということです。

意見を戦わせたり、興味のない話題にノーを出すなどして自分の気持ちを素直にぶつけたりすることは、親しくなればいくらでもできます。とくに縁が確定しないうちは、ひたすら聞き手に回るくらいがちょうどいいのです。

可能な範囲で相手のことや自分との共通項などを事前に調べておき、興味のありそうな話題にもっていくと、〝聞き役コミュニケーション〟はいっそう円滑になります。

また聞き役に回りながらも、さりげなく自己アピールすることは可能です。相手の話のなかに、自分が協力したり、提案したりできることがあれば、大きくうなずきつつ一言、二言、それを織り交ぜればいいのです。

自分の話に興味を持ち、しかも協力してもらえることがあるとなれば、相手に与える印象はさらに強くなります。そこは工夫してください。

7 「聞く力」を身につける三つのポイント

人に何かを質問するには、「聞く力」を養うことが大切です。相手の言うことをきちんと聞かなければ、何を質問すればよいかもわからないからです。

重要なポイントは三つです。

第一に、「考える」こと。

聞いたことを鵜呑みにするのではなく、**相手がどういう状況や事情があっての話かを斟酌《しんしゃく》しながら、何を言おうとしているのかを自分の頭で考えるのです。**

この考えるというプロセスを抜きにして聞いても、ただ耳が反応しただけ。聞いたことにはならないのです。

第二に、「思う」こと。

人から何か言われたとき、自分はどう思ったか。その思いを検証しながら、他人に置き換えてみることを勧めます。

自分が言われてイヤだったことは、他人も言われたらイヤなはずです。そういうことがわかれば、思いやりの心が出てきます。

たとえ「そんな話、聞きたくないな」と思ったとしても、人が言うことは聞いてあげましょう。そのくらいの思いやりを持つと、相手に満足感を与えることができます。そうなれば、聞く気持ちも違ってくるのです。

第三に、「感じる」こと。

人は誰でも五感を通じて感じていますが、現実には「こういうときはこう感じる」というふうにパターン化された感じ方をすることが意外と多いものです。自分がどう感じるかを認識する前に、条件反射的にそのパターン化された感じ方をなぞってしまうのです。

たとえば「一流大学を出ている」「大企業に勤めている」「若くして課長に抜擢《ばってき》された」などと聞けば、その人の発言を無条件に「さすがにいいことを言う」と感じてしまう、といったようなことです。

感じ方がそんなパターン化に陥らないよう、自分の心の奥底にあるものを確かめたほうがいい。それが本当に「感じる」ということなのです。

「自分の頭で、考える」
「自分の心で、思う」
「自分の五感で、感じる」

人の話を聞くときは、これら三つのことを繰り返せば、知性も感性も磨かれます。その分、人の言う言葉の意味が明確にわかるようになるのです。そうなって初めて、あなたは「聞く耳」を養ったことになります。

「聞く耳」を発達させると、人の言葉の裏側にあるものがわかるようになり、いままで感じなかったことを察知できるようになるのです。深い洞察力や危機察知能力はそうやって養われていきます。人との縁は話を聞くことから深まっていくものです。

8 「質問タイム」を活用する

前項と関連しますが、質問をする・受けるということは、人と縁をつくるための重要な要素です。

質問は互いが何を考えているのか、どんなことに悩んだり、迷ったりしているのか、何に共感を覚えるのか、といったことがわかり、それがコミュニケーションを深める端緒になるからです。

たとえば講演会やセミナーなどでは、多くの場合、最後に質問の時間が設けられています。日本人はシャイなので、なかなか質問の手が挙がらないということもありますが、内容をしっかり聞いていると、何か質問したいことがあるはず。

そんなとき、「こんなこと、質問したら笑われるかな」なんて余計なことは考えずに、わからないことを正直に聞けばいいのです。

すると講演会が終わってから、聴衆のなかには質問をした人に近寄ってきて、「私も質問したいことでした」などと、名刺交換をしている光景をよく見ます。**縁の始まりです。**

もし何も質問が出なかったとしたら、話をした人は反省する必要があります。内容が聞き手に十分に届いていないことの裏返しだからです。

ようするに聴衆は、何を質問したらいいのかがわからないのです。

これは、会議や上司から部下へ指示するときでも同じこと。何も質問が出ないようでは困るのです。そういうときは、こちらから質問を投げかけて、話した内容が理解されているかどうかを確認する必要があります。

もう一つの問題は、話をする側が質問の時間を極力つくらないようにしている場合。なかには、自分の話に自信がないために、「質問が出て、答えられなかったら……」と恐れ、時間いっぱい講演をし、質問を事実上さえぎってしまう人すらいます。

このように講師が一方的に話をするだけでは、何かもの足りない講演会に思えます。

同様に個人の出会いにおいても、どちらかが一方的にしゃべるだけでは、出会った甲斐《かい》がありません。

話をする側の人は、その場で答えられなくともいい、今後の課題になると思って、堂々と質問を受ける。そのうえで「後で調べて回答させていただきます」と言えばいいのです。そのようなとき、私はすぐに調べて文書で回答するようにしています。

何か頼まれごとをした場合も同じです。その場で動いてこそ意味があります。

「質問をする・受ける」という双方向のコミュニケーションがあって初めて、その集まりや出会いの時間は有意義なものになるのです。

双方がそういう態度で場に臨めば、質問をきっかけに人との縁が生まれ、育んでいくことが可能になります。

縁づくりのためにも、「質問タイム」を大いに活用しましょう。

9 異業種の人と交わる機会を「縁」の宝庫にする

あなたがお付き合いしているのは、会社関係もしくは取引先や同業者を中心とする仕事関係の人たちが多くなっていませんか。

それはそれでいい。同じ話題で盛り上がれるし、有意義な情報交換もできるので、大いにコミュニケーションを密にし、関係を深めていく意味はあります。

しかし、それだけでは不十分です。このような縁をつなぐのは簡単ですから、さほど意識しなくてもできます。

毎回、同じような話になって、あまり新しい刺激が得られません。閉じた狭い世界のなかにいるだけでは、そこでいくら多くの縁づくりができても、自分自身の世界を広げていくことができにくいからです。

それより、むしろ、

「異質を楽しむ」

という気持ちで積極的に行動してみてください。広範囲に「縁の種」が蒔かれ、仕事や人生をより豊かにしてくれるはずです。

たとえば異業種の人たちが集まる会は、そのための恰好《かっこう》の畑です。できる限り時間をつくって参加したほうがいい。

ところが残念ながら、何かの会合の後に開かれる懇親会など、いつも「欠席」と決めている人が少なくありません。おそらく、

「出席したところで、たいていはただの名刺交換会に終わり、その後の発展性が期待できない。出会った人の顔や名前すら、すぐに忘れてしまう」

ということで、「出席してもしょうがない。時間のムダだ」と思うのでしょう。

懇親会という場をそんなふうにしか捉えられないのは、自分から積極的に交流を求めないことの裏返しです。できる限り懇親会に出席することを心がけている私に言わせれば、縁を粗末にする人の典型です。

このような場を有意義なものにするか否かは、自分自身がそこでどうふるまうか、

その積極性にかかっています。

懇親会のいちばんの良さは、楽しむことを目的にできること。公式な打ち合わせや会合より、はるかに打ちとけた雰囲気のなかで、自由に本音で交流できることです。質問をぶつけて突っ込んだ話もできるし、互いの連絡先を交換して次に会う約束をする機会も得られます。

それだけ縁をつなぎやすくなるのです。

また、どこかの組織の会員になった場合も同じです。そこで開催されるさまざまな会合には積極的に参加したほうがいい。

とりわけ重要なのは、泊まりがけの会合です。忙しい毎日にあって、一泊でどこかへ出かけるだけの時間的な余裕はなかなかないかもしれませんが、多少のムリをしてでも出かければ、思わぬ成果が得られます。

なにしろ、家に帰らなくていいのですから、懇親会以上に交流する時間はたっぷりあります。**互いが打ち解ける度合いがより大きく、費用対効果が非常に高い**のです。

「泊まりがけだからこそ参加する」

というくらいの意識を持つことが必要でしょう。

何より懇親会や泊まりがけの会合は、個人的なつき合いが可能になる道筋を開いてくれるものです。そこをないがしろにせずに時間とお金をかけることが、縁を大事にするということなのです。

人と縁を結びたいのであれば、いますぐ「会合や懇親会に時間やお金をかけたくない」という考え方は捨ててください。

10 多芸・多趣味は「縁」を助ける

そもそも縁というのはコミュニケーション、つまり心が共感・共鳴・共振するような交流によって育まれるもの。さまざまな分野に興味や関心、知識を持っていたほうが、人と心が触れ合う機会がたくさん得られます。

多芸・多趣味であることは、縁をつくるのに欠かせない人間の能力の一つです。

誰しも経験していることですが、同じ趣味を持つ人や同じことに興味・関心を持っている人とは話がはずみます。話がはずめば、親しくなりたいと思い、コミュニケーションが深まり、縁がより強固になっていきます。

逆に、無芸・無趣味だとどうでしょう?

心が共感・共鳴・共振する話題が少なく、その分だけ縁を育む機会も少なくなります。話が盛り上がらない人との縁は、後につながりにくいのです。

「趣味を持つことは、同じ趣味を持つ人と親しくなるきっかけが生まれる」

これは私の持論。趣味だけではなく、好みや趣向も同様です。「芸は縁を助ける」と肝に銘じて、多種多彩な分野に好奇心を広げてください。

たとえば私は、絵画鑑賞を趣味にしています。

おかげで多くの人との縁が生まれました。それが長年、互いに同好の士を紹介し合うなかで、一つのグループを形成していきました。

結果、ニューヨークを拠点に活動する日本人をはじめとした画家たちを支援する「日米美術協会」という団体を設立するに至ったのです。

さらにそれが縁で、在ニューヨーク総領事（大使）の方の知遇を得て、活動を支援してくれる人たちと知り合う機会にも恵まれました。同団体で展覧会を開催したことで、見にきてくださった方々との縁を得ることにもつながったのです。

そういった絵画を軸にした出会いの数々が、私の世界を広げてくれたことは言うまでもありません。

私はまた、単に絵を見るだけではなく、その後にできるだけ作家の方とお会いする機会を得るよう努めています。

なぜなら、作家の人格を多かれ少なかれ知ることによって、その絵に対する愛着が生まれるからです。絵を見ただけでは気づかなかった価値を感じ取ることも、幾度となくありました。自分の感受性をより高めることができます。

同好の士というのは、初対面のときから共通の趣味の話題で盛り上がるものです。その機会をできるだけ多く得るためにも、**初対面の人との会話の糸口として、「趣味は何ですか？」という質問を投げかけることをお勧めします。**

この質問は、後日、役に立つことがあります。

ご自身の趣味の話をされたら、いただいた名刺にそれをメモしておくことです。同じ趣味の人と出会ったときの話材にすることもできますし、場合によっては、あなたが同じ趣味の人たちを集めて、皆で楽しむお手伝いができるかもしれません。そのようにして縁を広げていくことも可能になります。

自分と同じ趣味でなくても、いいのです。

「いい趣味をお持ちですね。私は不勉強なもので、その世界にはとんと疎《うと》いんですが、何がおもしろいですか」

などと重ねて質問すれば、相手は自然と饒舌《じょうぜつ》になり、交流が深まります。

あるいは「無趣味な人間でねぇ」と言われても、気にしないことです。

「仕事が趣味というところですか？　どんなお仕事をされているのですか？」

とつなげる方法もあるし、また、

「お忙しいでしょうからね。たまの休日はどんなふうに過ごされてますか？」

と話を振る手もあります。

いろんな視点から相手の好きなことを探しましょう。

11 挨拶で大切にしたい三つの心得

近年、パソコンやスマホに向き合う時間が多くなり、人と人が顔を合わせる機会が少なくなったせいか、挨拶する頻度が少しずつ減っている感があります。

「挨拶はもうメールですませているから、省いてもいいんじゃないの?」とか、「挨拶など時間と労力のムダ」とでも思っているかのように、自分から挨拶することも、人から挨拶されても返さないような不思議な人があなたの周りにいませんか。

ここで少し、挨拶という言葉の由来を見てみましょう。

もともとは禅宗の僧侶たちの間で、問答を交わして相手の悟りの深さを探り合うことを「一挨一拶《いちあいいっさつ》」と言った。それが省略されて「挨拶」となったそうです。

漢字では、「挨」には「押す」、「拶」には「迫る、近づく」といった意味合いがあります。つまり「相手を一つ押しては、一つ迫る」というふうにして、相手の心を開いていく、それが挨拶の本来の意味合いです。

つまり、挨拶をしない、もしくは挨拶が苦手な人は、縁をつくるのが下手で、したがって人間関係を広げていくことが得意ではない人ということになります。

そのような人に対して、アドバイスしてください。

「もちろん口先だけで形式的に挨拶してはダメですよ。そうならないためにも、相手の姿が目に入ったら、**『今日、あなたと会えてとても嬉しい』という気持ちを整えながら近づき、目と目を合わせて挨拶するように**」と。

それだけで、表情が穏やかになります。すると、その雰囲気が相手にも伝わり、互いに出会いのワクワク度が上がります。

このような空気をつくることが、後々の関係にいい影響を与える――ということを伝えてください。

中国の『礼記《らいき》』という古典のなかに、「挨拶はお酒を造る麹《こうじ》のようなもの」という言葉があります。

麹がなければお酒ができないように、挨拶がなければ人間関係も始まらない、という意味です。挨拶の本質をよく表していると思いませんか？

それほどに大切な挨拶なので、さらに加えて「三つの心得」についてお話ししておきましょう。

第一の心得は、**挨拶は自分から先にすること**。

目下の者から先にするべきだと思っている人がいるかもしれませんが、それは間違いです。順番はさして重要な問題ではありません。目上の人から先にしたっていいのです。

よく「近ごろの若い社員はろくに挨拶もできない」と怒っている管理職の方などを見かけますが、怒るほどのことはないでしょう。自分から先に若い社員に挨拶をし、お手本を示してあげればいい話です。それが年長者の余裕というものです。

第二の心得は、**挨拶で差別をつけないこと**。

年齢や地位、立場、見かけなどで自分より上か下かを判断し、上の人には丁寧に、下の者にはぞんざいに挨拶するなど言語道断。誰に対しても同じように丁寧に挨拶をするのが、「挨拶の作法」なのです。

「人を見て挨拶の仕方を変える」ようなことをしていると、とんだ非礼や失敗が起こりやすくなります。初対面でこの種の失敗をすると、後々まで尾を引くのです。

ただし、「丁寧過ぎると、非礼に通じる」ことも覚えておいてください。ばか丁寧に挨拶されると、相手は落ち着かないもの。場合によっては、「慇懃無礼《いんぎんぶれい》な人だな」という印象を与えることもあります。

第三の心得は、会社などの組織に属する人は社外の人に挨拶するとき、**「自分は会社を代表しているのだ」という意識を持つこと。**

社内での立場は下であろうと、社員は等しく「会社の顔」なのです。自分の挨拶ひとつで、社外の人が自社に持つ印象は変わってきます。

堂々と、でも謙虚に気持ちの良い挨拶をするように心がけたいものです。

12

「こういう人に会いたい」と公言する

偶然の出会いとは別に、自分から求める出会いというものもあります。何かのきっかけで「**あの人に会いたいなぁ**」「**こういう人と知り合いになりたいなぁ**」**と心が動くことがあったなら、すぐに会いに行く算段をしましょう。**

そう思ったこと自体が、「縁の種」なのですから。

しかし多くの人は行動を起こさずに、「会いたいな」と思う気持ちを、時の流れのままに風化させてしまいます。せっかく蒔こうとしていた「縁の種」を、水やりもせず、日向に置いてやることもしないのです。

なぜ行動に移せないのか。

一つには、相手があまりにも大物である、といったことがあるでしょう。「自分のような者が会ってもらえる相手ではない」という思い込みが、「会いたい」気持ちにブレーキをかけてしまうのです。

しかし、その気になれば会うことくらい、そう難しいことではありません。たとえば、その人が出ている講演会やセミナーに参加することです。そこで質問をしたり、あるいは懇親会で名刺交換したりすれば、縁が生まれます。

そのときに少し準備しておいて、気の利いた質問や、意表を突くような考え方や提案を示すことができれば、相手の記憶に残してもらうことも不可能ではありません。

大物であればあるほど、人を受け入れる許容量は大きいものです。世の中には、斬《ざん》新《しん》な提案を持って、大物相手にアポなしの〝突撃営業〟をする猛者《もさ》もいます。その提案に興味が惹《ひ》かれれば、大物は懐を大きく広げて受け入れてくれるのです。

そこまで持っていくのはかなりハードルが高いでしょうけど、何かしらの縁ができれば、その後、事態がどう転がっていくかはわかりません。そこが縁のおもしろさでもあるので、とにかく「会う」ための行動を起こすことが意味あるのです。

また「こういう人に会いたい」という思いがあっても、該当する人がどこにいるのかわからない場合もあるでしょう。

だからといって何の行動も起こさないのは、怠慢以外の何物でもありません。関わりのある本を探して、もしくはネットで情報を集めて良さそうな著者を突き止めるとか、そういう人物がいそうな集まりに出かけて行くとか、方法はいろいろあります。

意外と効果的なのが、会う人ごとに「こういう人に会いたいけれど、知り合いはいませんか」と伝えておくことです。すると、不思議とそれに関連する情報が集まってくるようになります。それが縁ですね。

あなたの想いが強ければ、やれることはたくさん出てきます。

私自身の例で言うと、2年ほど前に「林業が復活の兆しを見せている」という情報をキャッチし、林業への好奇心が首をもたげてきたのです。

さっそく林業を経営されている会社に手紙を出したところ、現在取締役をされている方に会っていただくことができました。

さらに林業に関する本を読んで、著者の方に会いに行きました。

そして、誰彼かまわず「林業に詳しい人を紹介してください」と声をかけていたら、たまたま私がかかっている耳の鍼治療《はり》の先生のご両親が、岩手県にある富士大学学長で、林業を研究されているという偶然もありました。すぐに訪問させていただいたのは当然です。

このように、**時間がかかってもいいから好奇心の〝種火〟を燃やし続け、一方で機に乗じて縁を求めていけば、いつか必ずや会いたい人に巡り合える**ということを体験した瞬間でした。

「縁の種」を蒔くときには、会いたい人に即会いに行くスピードと、長い年月をかけて「会いたい」と思い続けることです。

この二つは一見矛盾するようですが、思いの強さを行動に移す点ではどちらも同じなのです。状況に応じて、スピードと粘りを使い分けていくといいでしょう。

13 即実行、そしてフォロー

相談事や仕事の依頼を受けたら、提案したことを即実行する。私はこれをモットーとしています。

迅速に対応するとき、よく「予定より早く取り組む」という言い方をします。それは相手との信頼関係を醸成するうえで、とても大事なことです。

しかし私は、そこを一歩進めて、

「前倒しで取り組む」より「即実行」

を心がけています。

そうすると、相手にこちらの真剣さが伝わるし、信頼度もぐっと高まるのです。

場合によっては、事がスムーズに運ぶように、強力なサポーターを紹介することもあります。

たとえば、弁護士として相談を受ける一方で、案件に応じて社会保険労務士さんとか税理士さんなどを紹介する、といった具合です。

自分一人の力で対処できないこともありますから、信頼できる人を紹介し、サポート体制を万全に整えてあげることも必要でしょう。

しかし、**即実行するだけでは十分ではありません。さらにフォローをきちんと行うことが大切です。**

即実行によって一定の成果を上げても、後で新たな問題や悩みが生じないとも限らないからです。

常にそこに配慮して、相手から言われる前に、「その後、うまくいっていますか?」「何かお困りのことはありませんか?」などと声をかけるといいでしょう。

モノを買うときにアフターサービスが重要なポイントになるように、人間関係においてもフォローを心がけることが大切なのです。

14

「地縁」を大切にしていますか?

近ごろ、「無縁社会」という言葉がよく聞かれます。単身世帯が増え、人と人との関係が希薄になっているのです。

そういう社会がいかに脆弱《ぜいじゃく》であるかは、とりわけ災害時に露見します。互いの存在すら認識していないと、助け合うこともままならないからです。

どの家に避難困難者がいるのか、どこの誰が逃げ遅れているのか、どのように役割を分担して連携すればいいのか、誰がリーダーになってくれるのかなど、何一つわからずに、みんなが勝手に動いたり、オロオロしたりするばかり。そういった状況が二次災害を招かないとも限りません。

そうならないようにするためにも、「地縁」を大切にしておきたい。

地域の防災会や自治会などに積極的に参加するのがベストですが、それができないなら、せめて一人でも多くの地域の人たちと顔見知りになっておくことです。

道ですれ違ったら挨拶を交わし、ついでに雑談の一つでもする。たったそれだけのことでも「地縁」をつくれます。地域のみんなが気持ち良く、親しく交わるためにも大事なことです。

昔は「向こう三軒両隣」と言って、近所の人たちにいただきもののお裾分《すそわ》けをしたり、調味料や道具類の貸し借りをしたり、何かで困っている人がいれば力を貸したりなど、さまざまな交流を通して助け合い精神を醸成していました。

「もうそんな時代ではないよ」という声が聞こえてきそうですが、昔の風習でも良いものは引き継いでいきたいもの。いまの時代に合った形で「向こう三軒両隣精神」を実践すればよいのです。

たとえばご近所同士が声を掛け合って、公民館や学校で行われるイベントに出かける。年に数回、懇親を兼ねたお茶会や飲み会を催す。野菜や魚などをグループ購入する……など、やれることはいろいろあるはずです。

こういった交流があれば、毎日の暮らしは温かなものになるし、万が一の災害のときに助け合うことができるでしょう。

また故郷における「地縁」もつくっておきたいものです。

都会に暮らす多くの人たちは、両親の住む故郷から離れて暮らしています。親が老いるにつれて、心配が多くなってきます。

そんなとき、実家のご近所さんとある程度親しくなっておくと、何かと気にかけてもらえるので安心です。

プラス、もし同窓会・同期会などがあれば、帰郷を兼ねて出席したほうがいい。定年後や親の介護の問題が生じたら、帰郷することになるかもしれません。旧友たちとずっと顔をつないでおくと、何かと力になってもらえるし、故郷で仕事やボランティアをする場合もやりやすくなります。

人間関係が希薄になっている現代だからこそ、「地縁」を大切にしたいものです。

15 本という畑には「縁の種」が蒔かれている

一冊の本を読むと、たくさんの出会いがあります。

なかでも親しくなれるのは著者です。著者の世界観や人生観に触れることによって、**いつしか著者が〝心の同居人〟となって、縁を感じられるときもある**のです。

たとえば自伝を読むと、著者が自らの生きた人生を私一人に向かって告白してくれるように感じます。教えもあれば、触発されることもある。共感に震えることもあれば、反発したくなることもある。読んでいる自分の心を裸にしてさらけ出しながら、親しく交流することができるのです。

また『論語』や『聖書』など、師が弟子に伝える形で語られるスタイルの本を読むと、非常に偉大な先生から直接教えを受けているような気分になれます。その〝ライブ感〟はとても興奮するものです。

著者ばかりではありません。作品のなかに登場する多くの人物に出会えます。

「歴史上の人物」「小説という虚構のなかで活躍する個性的な人物」「綿密な取材をして描かれたノンフィクション作品の魅力ある人物」「現実の世界では会うことのできない人たち」……などと縁を結ぶことができます。

彼らとの交流は、自分が仕事をするうえで、また生きていくうえで、リアルに優る教えや刺激を与えてくれるでしょう。

本のなかの多くの人との出会いが人生にもたらす実り、いろいろな人の人生を疑似体験することを通して得られる実りは、非常に豊かなものです。読書好きの人のなかには、「現実世界に友だちや知り合いが少なくても、全然寂しくない。自分には本のなかにたくさんの親友がいるのだから」と言う人もいるほど。

そのくらい本という畑には、人生を豊かにする「縁の種」がたくさんあるのです。

もう一つ、本を読むメリットがあります。それは、知識が増え、自分の世界が広がることです。

何か知りたいことがあれば、それに関連する本を読むと知識が増える。それは当然のこととして、何気なく手に取った本で未知の知識に遭遇し、新しい世界が広がることもあります。

その意味では、**乱読をお勧めしたい**。どんな本に自分の好奇心の扉を開く知識との出合いがあるかわからないのですから、本は手あたり次第に読む価値があるのです。

私自身、大の読書好き。週に平均四、五冊の本を購入します。この読書という趣味を持っていて良かったなぁとつくづく思うのは、**何より出会った人たちと共通の話題を得やすい、あるいはどんな話題になっても話についていけること**です。

とりわけ同じく読書を趣味とする人たちとは、本の話題でたちまち話が盛り上がります。そのなかでおもしろい本を教え合ったり、共に読んだ本に関連して意見や感想をぶつけ合ったりなどして、交友関係が密になるうえに、自分自身の世界もどんどん広がっていきます。

もっと言えば、本を読んだ後に、それがドラマ化や映画化、あるいはドキュメンタリー映像化された作品を見るのもいい。同じ作品が脚本家やプロデューサー、監督などの感性によって、本とはまた違った描かれ方がする。そのおもしろさに気づくことで、自分の感受性が磨かれていくのです。

「愛読書」というのは不思議なもので、手に取ったときの自分の年齢や成熟度合い、精神状態、関心事などを如実に反映します。同じ本を読んでも、理解の深度、解釈の仕方、感動・感情移入の度合い、触発されるくだりなど、すべてが変わってくるのです。まるで初めて読んだ本のように感じることも多々あります。

すでに読んだ本でも読み直してみると、また新たな発見や感動があるのです。私にも、10代の初めごろに初めて読んで以来、いまも愛読書と言える作品がいくつかあります。ベスト3を挙げるなら、下村湖人《しもむらこじん》の『次郎物語』、徳冨蘆花《とくとみろか》の『思出の記』、吉川英治の『宮本武蔵』です。いつ読んでも、感動を新たにします。

私に言わせれば、本は「縁の種」を無数に蒔くことができる畑のようなもの。いまは本を読む人が減っているそうですが、それは非常にもったいないことです。「縁の種」を蒔くためにも、大いに読書に親しみましょう。

2章

「縁」を広げる、「縁」を深める

1 次回を上手に誘うポイントは「捨て石」

パーティや会食などでいい人と出会っても、「ただ名刺交換をしただけ」「ただ食事をしただけ」で終わらせるのでは意味がありません。

次の機会をどうつくるかがポイントになります。

とはいえ、よほど親しくない限り、いきなり「○月×日にお食事でもいかがですか」とお誘いするのは無粋というか、少々品がない。誘いを受けた相手も戸惑いを覚えるかもしれません。

上手にお誘いするには、まず「捨て石」を置くことから始めると良いでしょう。

「捨て石」とは、別れ際に「いつか、ご懇談の機会を……」といったご挨拶をする、もしくは後日お礼状をしたためて、「あらためて夜分にでもご懇談の機会をいただければ幸いです」といった一節をつけ加えることを意味します。

こういう「捨て石」を置いておけば、しばらくしてから電話やメールなどで懇談を正式に申し入れても違和感がありません。こちらもお誘いしやすいし、相手も誘いを受けやすくなります。

ただし、その場合も直近の日を希望するのは、あまり感心しません。急いでいるという雰囲気を与えてしまうからです。日時は最低でも2週間、できれば1カ月くらい先に設定するのが望ましいでしょう。

また、「捨て石」を置いたまま、放置してはいけません。懇談の誘いを期待している人もいますから、それを裏切ることになるからです。

同じ意味で、単なるリップサービスでお誘いの言葉を投げかけるのも控えるべきです。よく誰彼かまわず、**「いずれ、お食事でも」と声をかける人がいますが、お誘いする気がないのなら、言わないほうがマシです。**「あの人は社交辞令で言うだけだ」と信用を失うだけです。

本心からもう一度会いたいと思う人に「捨て石」を置き、しっかりとそれを〝回収〟することが大切なのです。

もう一つ、「**おいしいお店があるので、今度ご案内します」とお誘いするのもいい方法**といえます。

その場合は、あらかじめ相手の趣味・嗜好を知っておくことが必要です。人間誰しも、好きなものであれば、興味・関心を持つもの。お誘いを受けてもらえる確率が高まります。

ただし、「折り入ってご相談したいことがあります」などと言うと、相手は負担に思うかもしれないので、「もちろん、あなたさまにご迷惑をおかけするようなことはいたしません」と安心させることを忘れてはいけません。

あるいは、「あなたさまにあまり負担にならないところで、参考意見をお聞かせください」とするのも良いでしょう。

商談と同じで、人との出会いも次の機会につなげられるかどうかは、別れ際のクロージングにかかっているのです。

2 「淡交」が「縁」をつなぐ

縁に恵まれている人と、縁に薄い人、どこに違いがあるのでしょうか。

それは、人に対する関心の度合いだと思います。

「知りたいという欲求は、人の良き本性である」

このレオナルド・ダ・ヴィンチの言葉のように、人間はさまざまなことを知りたいゆえに行動し、社会との接点を求める生き物です。

人に対しても同じ。いろんな人に関心を持つからこそ、多種多様な縁を得ることができるのです。

ただし、関心が強ければ強いほどよい、というわけではありません。

あまりにもその欲求が強すぎると、相手はそれを押し付けがましく感じます。

「うっとうしいな」「深くつき合いたくないな」と思われ、逆に遠ざけられてしまう恐れがあるのです。

しかも、自分の利益のために利用しようという下心があれば、なおさら、人は離れていきます。

ですから、何事もそうですが、人に対する関心もまた「ほどほど」が良いのです。

その程度に抑えるために重要なのが、**「淡」の精神を持つこと**です。

荘子《そうじ》はこう言っています。

「君子《くんし》の交《まじわり》は淡《あわ》くして水の若《ごと》く、小人《しょうじん》の交は甘くして醴《れい》の若《ごと》し」

優れた人のつき合いは水のように淡泊なので、交際が長続きする。小人物のつき合いは甘酒のようにベタベタしていて、利害関係がなくなると、やがて途絶えてしまう。

そういう意味です。

つまり、良い縁をつないでいくための基本は「淡交」――。

つかず、離れず、露骨に利害関係を求めることなく人と接し、つき合いを深めるなかで信頼関係を築いていく。**いちばん大事なのは、相手に対して「爽やかで、ひとかどの人物である」という印象を持ってもらうこと**なのです。

3 謝罪の仕方で信頼が深まる

どんなに慎重に、心と力を尽くして行動しても、失敗することはあります。ある意味でしょうがないことです。

そのときに、くだくだと言い訳をしたり、失敗の事実を何とかごまかそうとしたりするのは論外。失敗を正当化して、自分の身を守ろうとする行為でしかなく、相手は見抜いています。不愉快なだけ。「こんな人は信頼できない」と思われるでしょう。となれば、その人との縁はそこでプツリと途絶えます。失敗のダメージをより大きくしてしまうのです。

大事なのは、**覚悟を決めて心から謝罪すること**です。

たとえば、私が謝罪する必要に迫られるのは、引き受けた訴訟で敗訴したときです。どんな事情があれ、それは私の責任です。謝罪することはもちろん、私は腹を括《くく》って辞任を申し入れます。

これは、形ばかりのことではありません。私は失敗したら心から、本気で辞任を覚悟で謝罪するのです。すると、私の覚悟と誠意が相手に伝わるのでしょう。ほとんどの場合、「これからの裁判もあなたに任せるよ」と言ってくださいます。

失敗を認めずに「私は悪くない」と突っ張ったり、ひどい場合は他人に責任を転嫁したりすると、逆に信頼関係にヒビが入ります。誰も「そうか、この人のせいではないんだな。信頼していいんだな」とは思ってくれないのです。

もし、本当に辞任という事態に至ったとしても、それはそれでいいではありませんか。少なくとも、後々の互いの関係に禍根を残すことはありません。

失敗をしたり、人に迷惑をかけるようなことをしてしまったりした場合、**素直に謝罪し、一定の責任を取る意思を表明すること**。自分の力が行き届かなかったことを認めて謝罪すれば、互いの間のわだかまりもやがて消えるでしょう。

謝罪は縁をつなぎ、信頼に基づく関係を深める重要な要素なのです。

4 相手の立場で態度を変えない

相手が自分より年下だとか、地位が低い、能力が劣る、弱い立場にある、といったことがわかると、たちまち見下すように横柄にふるまう人が少なくありません。

もし、自分がそのような扱いを受けたら、もちろん非常に不愉快だし、「この人は相手を見て態度を変えるような人だな。つき合いたくない」と思うはずです。そうなると、縁もそれっきり。後になって、その相手が力をつけたときにつき合いたいと望んでも、後の祭りです。

相手がどういう人物であれ、**人と接するときは、礼節を尽くすという軸を持つことを心してください**。それは「相手を立てる」ということになります。謙虚な気持ちを忘れてはいけません。

そのために私が日ごろ心がけているのは、できるだけ「命令形で話さない」ということです。

たとえば職場で、上の者は下に対して命令形を使いがち。自分ではそのつもりがなくとも、相手は見下されているように感じる場合が少なくありません。

たとえ冗談半分であっても、「オレの言うことが聞けないのか」とか「オレの酌《しゃく》を受けないのか」「キミごときに意見する資格はない」などの気持ちを持っていれば、必ず伝わってしまうのです。よほど信頼関係ができていれば流してもらえる場合もありますが、たいていは「上司風を吹かせて、威張り散らしている」と受け取られます。

立場上、命令形にならざるをえないときはあるでしょうが、それでも自戒したほうがいい。「ああしろ、こうしろ」ではなく、「こうしてくださいね」「お願いしますよ」というふうに依頼しても、指示として受け取られるのですから。

また、自分では良かれと思って、あるいは親切心からアドバイスしたことが、相手は命令されたように感じる場合もあります。

その原因は、言い方が断定的であることが多い。「こうするべきだよ」「そんなことをしてはダメだ」などは自分の意見を押し付けることになります、相手は「何だよ、偉そうに」とか「大きなお世話だよ」などと反発を感じてしまうのです。

そうならないよう、「私はこう思うけど、どうですか?」「こう考えてはいかがでしょうか」というふうに、**問いかけの形で発言するのが一番です。**

当たりが柔らかいし、こちらの親切心も伝わりやすくなります。

命令的・断定的な口調は、相手の反発という〝副産物〟を生じることを常に頭に入れ、相手を立てる話し方を意識したいところです。

人間は、自分で決めたことをやるときにはモチベーションが上がります。

ですから、**相手に自分で決めたように思ってもらう言い方をすれば、成果が上がってくるのです。**

5 自分の「強み」を知る

縁をつなぐためには、ある程度の自己アピールが必要になります。「私にはこういう強みがあるので、きっとあなたの力になれますよ」ということが伝わらないと、なかなか親しく交流するには至らないからです。

まず、「自分のセールスポイントは何なのか」を客観的に考えてみてください。

これは簡単なことのようですが、実は自分で自分のことがわかっている人は意外と少ないのです。

その際、参考とするべきは、他人の評価です。人間は自分には甘くなるものなので、自己評価ほど当てにならないものはありません。また、他人の評価にも客観的な評価と主観的な評価の二種類がありますが、客観的な評価のほうに目を向けましょう。

たくさんの人が褒めてくれる事柄なら、それは客観的な評価を得た「強み」として自信を持ってよいと言えます。

「どんなことで人からよく褒められるか」

「何が得意と思われているのか」

「これまでどんな成果を上げたときに感心されたか」


などを思い返してみると、誰しもいくつか出てくるはずです。それらをリストアップすることで、自分の強みと自覚しましょう。そして、

「今後もさらにその強みを磨いていこう」

と意識しながら、人と接することを勧めます。

それができれば、自分を売り込み過ぎずに、自慢話に堕ちずに、相手の反発を招かずに、「さりげなく」売り込みができるようになります。

とくに日本人には、謙虚を美徳とするところがあるので、自分を売り込むことが苦手なばかりか、売り込みの強い相手に対して嫌悪感を抱くことが往々にしてありますから、注意しましょう。

6 相手の美点を探す習慣をつける

自分を売り込む前にやるべきこと。

それは相手の美点・良さを探すことです。

そのためには事前にある程度、相手のことを知っておく必要があります。これは相手を認めることになります。たとえば、

「方々であなたのご活躍を耳にします。○○の仕事はユニークですばらしいですね」

「こないだ××の会合で、あなたのご発言を拝聴しました。斬新な視点に、目が開かれるようでした」

「お忙しいのに、文化的なことから料理、スポーツなど、いろんな趣味をお持ちだとうかがっています。私も○○には興味があって、始めてみたいと思っていますので、ぜひお話を聞かせてください」

など、**認める言葉が具体的であればあるほど、相手は心を開いてくれ、互いに和や**

かになります。するとこちらの話に耳を傾けてくれるようになるのです。

また、よく知らない人の場合は、服装でも笑顔でも体格でも持ち物でも趣味でも、目についたものや話題になったことを、「すばらしい」という意味で伝えてください。その気になって探せば、必ず何か見つかります。

そういう空気ができれば、ちょっとだけ自分のことをアピールしても、相手はそんなに不愉快な気持ちにはなりません。

最悪なのは、相手の良さを認めずに、自分のセールスポイントばかりを述べていると、せっかくの強みがイヤミになってしまうことです。用心してください。

相手の美点を探す習慣を身につける訓練は、奥さんやご主人、子ども、長くつき合っている恋人、同僚、部下、上司……など、身近なところでしてみてください。

ふだん、褒めたことのない人や欠点ばかりが目につく人との関係が予想以上に改善しますよ。

「褒めて育てる」ことが、縁にも大切なのです。

7 異質な人との「縁」を、あえて求める

気の合う人とだけつき合っていては、縁は広がりません。それればかりか、縁ある人がみんな、自分と似た考え方や価値観、感性の持ち主ばかりになってしまい、自分自身を磨くこともできません。

そうではなく、自分とは違ったところのある多種多様な人と積極的に縁を求めることが大切なのです。そのほうがつながれる人の数が圧倒的に多くなるし、さまざまな刺激を受けて自分を成長させることができるからです。

私が縁に求めているものの一つは、まさにそういう刺激です。

自分の知らない分野のことに目を開いたり、異なる考え方に触れて見識を広げたり、ユニークな視点にハッとさせられたり。**異質との出会いは、自分を磨く大きなチャンスを与えてくれる**のです。

誰とでも親しく交われる秘訣は、前項でも書きましたが、相手の「良さ」を見つけ

ることにあります。多少気が合わなくても、苦手なタイプであっても、数々の欠点があっても、そこには目をつむり、良いところだけを見てつき合えばいいのです。「あそこが気に食わない」「ここが嫌い」などとマイナス要素をあげつらったところで、何もいいことはありません。交友範囲を狭めるだけです。

自分にとって刺激になる知識や経験、資質などに注目して、それらを自分のなかに取り込もうという観点から、縁を広げてみてください。

とりわけ独自の考え方や視点、感性、思いを持っている人とは積極的に交流すること。そうして見習うべきところは見習う。未知の分野への好奇心を膨らませる……などすることで、自分に磨きをかけていくことができます。

個性的で、ちょっとクセのある人というのは、つき合いにくい部分はありますが、思いがけない刺激を与えてくれる存在でもあります。

再度、強調します。他人の「良さ」を探す、気づく。これを習慣にしてみてください。間違いなく、多くの人と縁を広げながら、自分自身を磨いていくことができます。

8
相手のために何ができるのかを想像する

「縁の種」を蒔くだけでは、深めていくことはできません。それは、絶えず畑を耕し、土に水や肥料をやらなければ作物が育たないのと同じです。

この法則に従って、縁を得た方に対しては常に「相手のために何ができるのか」を考え、行動することが非常に重要です。

と言っても、相手に直接「何か、私にできることはありますか？」などと尋ねるのは無粋の極み。**会話のなかから相手の要望を汲《く》み取り、自分にできることを考える**のです。そして、できれば話をしたその場で「これこれをやりましょう」と言わずに、熟慮したうえで黙って行動するのです。

そうすると、相手も「あのときの話をこんなに親身に考えてくれたのか」と驚きます。感動が何倍にもなるのです。

ポイントは「想像力」。相手の身になって考えること。

ところが、これが簡単なようでいて、実に難しい。喜ばれると思ってしたことでも、相手が本当に喜ぶかどうかはわからないからです。

ただそこをあんまり考え過ぎると、行動にブレーキがかかってしまいます。「こんなことをしても、喜ばないかもしれない」という心配が先に立ってしまうからです。

考え方として参考になるのは、『論語』にあるこの言葉でしょう。

「己れの欲せざる所、人に施すこと勿《な》かれ」

「自分がされたくないことは、人にもしないようにしなさい」という意味です。孔子《こうし》はこのように人を思いやることを「一生かけて行う価値あるもの」としています。

とはいえ、「言うは易《やす》く行うは難《かた》し」。弟子の子路《しろ》に対して「お前ごときにできるわけはない」と断じているほどです。実践するのはそう簡単ではありませんが、人間関係の要諦であることは間違いないところ。肝に銘じておいてください。

でも考えようによっては、「相手がしてほしくないことは何か」より、「自分がしてほしくないことは何か」を理解することのほうがずっと簡単です。それが頭でわかったら、あとは行動に移すのみなのです。

「相手のために何ができるか」というのは、この言葉を応用して「自分は何をしてもらうと嬉しいか」と発想することにほかなりません。こういう視点を持つと、想像力が働きやすくなります。

その想像がハズレだったとしてもいいのです。相手の反応を見て、「こういうことをしても喜んでもらえない」とわかるだけも〝収穫〟でしょう。次は別のことをして、それでもダメならまた別のことをして——というふうに試行錯誤を何回も重ねるうちに、相手の〝喜ぶポイント〟が見えてきます。

人間関係というのはこのように相手の心を探りながら交流していくことで、理解度が深まっていくものです。

一度や二度うまくいかなかったからといってあきらめずに、「相手のために何ができるか」を考え続ける。そのとき想像力に磨きがかかります。

9 「縁」は弱点補強ツールになる

誰にでも弱点はあります。

私も「整理整頓能力が極めて低い」という弱点の持ち主です。何とか克服したいと思ってはいるのですが、苦手なものは苦手。白旗を揚げざるをえません。

そんな私ですから、整理整頓能力の高い人に助けてもらわなければ、毎日の仕事をとてもスムーズに進めることはできません。整理整頓ができないと、仕事場が散らかり、さまざまなデータが何の脈絡もなく方々に散在。頭のなかもぐちゃぐちゃ。思考の一貫性がなくなる。つまらないことに時間を取られてしまうからです。

結局、私は有能な秘書たちの力を借りています。それは裏返せば、弱点がわかっていればこそ、努めて整理整頓能力の高い人との縁を求め大切にしてきたのです。彼らにはとても感謝をしています。

それで思うのは、**自分の強みを知るのと同様、自分の弱点を把握しておくことも、縁を広げ深めていくうえで重要だということです。**

ともすれば人間は、自分ができないことを難なくやってしまう人や、自分が知らないことをたくさん知っている人に対して、距離を置こうとします。引け目を感じたり嫉妬心にかられたりして、心地いい時間を共有できないからです。イヤな自分と対峙《たいじ》したくないという気持ちも働くのでしょう。

しかし本来、そういう人とこそ親しくなったほうがいい。

素直に「うらやましいな」「すごいな」と思い、**「話を聞かせてください」と懐に飛び込む勇気を持ちたいもの。**

そうして縁をつなげ、深めていけば、その人は自分にとって弱点を補強してくれる協力者になるかもしれません。

未知の世界を開く〝水先案内人〟になってくれるチャンスかもしれない。

そのような縁を増やしていけばいくほど、ありとあらゆる分野に協力者を持つことができます。縁の広がりとともに、人それぞれが持つ〝得意分野のネットワーク〟を

形成することができるのです。すると、

「このことなら、あの人に協力してもらおう」

「このことは、詳しいあの人に聞いてみよう」

……などと、自分にない能力・資質を持つ人との縁で、自分自身の仕事の幅が広がっていきます。だから大切だし有用なのです。

あんまり計算高く人に近づいていくのは感心しませんが、「弱点補強」という観点から縁を求め、広げ、深めていくことを心がけてください。

10 情報発信で、新たな「縁」を招き入れる

自分の持っている情報は出し惜しみするのに、人から情報を得ることには熱心な人がいます。そんな人と、誰が親しくつき合いたいと思うでしょうか。

広く情報が欲しいなら、自分の持っている情報、新しく仕入れた情報は惜しみなく発信していく。そういう態度で人と接することが、縁を招き入れる間口を広げることになります。

と言っても、情報をもらうことを交換条件のようにして情報を出すことは望ましくありません。情報を発信し続けた結果、気がついたら自分のところにも情報が集まってきた、というような展開が一番です。

「情けは人のためならず」ではありませんが、**情報という〝情け〟を人に提供すると、巡り巡って自分のところに返ってくるもの。**情報を発信するときに見返りを期待するのとは違います。

あくまでも「ギブ&テイク」ではなく、「ギブ&ギブ」の精神で発信するからこそ見返りもあるということです。

そうした精神で、私はクライアントや過去に縁を結んだ多くの方に、少しでも役立つ経営法務情報などが掲載されている「事務所報」を、定期的にお送りしています。読んだ人からは「読み物としておもしろい」「価値のある情報源だ」と喜んでいただいているようです。

と同時に、クライアントに優秀な弁護士を紹介する会や、いまホットな場所への視察旅行、若手経営者や管理職を集めた異業種交流会、経営者を対象とするセミナーなど、たくさんの催し物を開いてきました。

なかでも驚かれるのが、弁護士を紹介する会を二百回以上開いてきたことです。企業で言うなら、クライアントにライバル会社の商品を勧めるようなものですから、「何と大胆な」と思われるのでしょう。

しかしクライアントにとっては、弁護士という商品がどこの事務所に所属していようと関係ない。ニーズに応えてくれる弁護士を望んでいるのです。

すべては「クライアントのお役に立ちたい」という気持ちから続けている情報発信。それが結果的に、クライアントの信頼につながっているようです。

私のような人事・労務専門の弁護士の場合、顧客は法人が中心なので、「クライアントがつぶれない限り、何もしなくても安泰だろう」と思われるかもしれませんが、そんなことはありません。弁護士事務所だって他の業種と同じこと。

顧客というのは放っておくと必ず離れていくものです。「次もこの会社の商品を買いたい」「今回は他社の商品を買うが、次はこの会社のものにしよう」と思ってもらえなければ、事業は存続も危うくなってしまいかねません。

これは個人でも同じこと。**相手にとってメリットのある情報を発信し続けていくことが大切です。**「また会いたい」と思ってもらえる分、縁が深まります。

11 飲食を共にする

「同じ釜の飯を食う」――これは、縁を深めることと同義でしょう。

お酒が入ればなおさらのこと〝心の鎧《よろい》〟も緩まり、本音のつき合いが深まります。

飲食を共にするということは、互いの距離を縮めるには効果の高い方法です。

興味のひかれる魅力的な人物に出会ったり、これから力を合わせて何かに取り組む人がいたりすると、とりあえず「いっしょに食事をしましょう」「一杯飲みましょう」と誘い合う。そこから縁を深めていくのが、ビジネスにおいても日常生活においても当たり前の段取りとも言えます。

ところが昨今は、こういった会食を避ける若者が増えているようです。とくに社内の人と飲み食いするのはイヤ、面倒くさいといった声をよく聞きます。仕事が終わってからも会社の人間関係を引きずりたくないのでしょう。

気持ちはわかりますが、縁あって同じ会社に籍を置いている者同士、その縁を深めようとしないのは、もったいない話です。

百歩譲ってそれはいいとしても、社外で交流ができたり、どこかで偶然知り合ったりした人たちとの会食の機会まで避けるのはいかがなものでしょう。せっかくの縁をふいにしてしまうことになります。

それだけではありません。会食を機に縁を深め、広げていけるかもしれない後々の展開まで袖にすることになります。

会食を避ける行為の裏には、「お酒に弱い」とか「外食が嫌い」「人と話すのが苦手」「カラオケが苦痛」「自分の時間がなくなる」「疲れる」などなど、さまざまな理由があるでしょう。

けれども**会食の目的は、相手と心を通わせて互いの理解を深めることであり、刺激を受けて自分の世界を広げていくことができます**。また会食をすると互いに記憶に残りやすい。これらを認識していれば、会食を避けるどんな理由も取るに足らないことです。

お酒に弱いなら、飲まなければいい。外食が嫌いなら、ちょっと箸をつけるだけでいい。昔と違っていまは、飲めない人に無理強いする人はあまりいないし、少ししか食べなくともそれを咎《とが》めだてされることもありません。酒席の雰囲気を肴《さかな》にすれば、ソフトドリンクでも小食でも十分に酔った心地と満腹感が得られます。

また人と話すのが苦手なら、聞き役に徹すればいい。「私が、私が」と自分のことをしゃべる人より、人の話に耳を傾ける人のほうが好感度は高いのです。

いずれにしても、自分の話す時間よりも、他人の話す時間を少しでも長くなるように気を使ってください。

さらに「自分の時間がなくなる」「疲れる」といっても、毎晩のことでなければ、会食に参加したほうが、そのマイナスを補って余りあるメリットが得られます。

「縁深い人」と聞いてまず頭に浮かぶのは鮒谷周史《ふなたにしゅうじ》さんです。彼は20万人という驚嘆すべき多くの人に向けて『平成進化論』というメルマガを毎日、発信しています。

彼自身、起業後の数年間は、「今年は、会食を何回する」の目標を掲げて、来る日も来る日もいろんな人と食事をともにしていたそうです。その回数たるや、昼夜合わせて年間五百回以上。

なかなか真似できる〝修業〟ではありませんが、彼は当時を振り返ってこう語っていました。

「いまになって、だてにご飯ばかり食べていたわけではなかったと思えます。会食を通して築き上げたご縁がプライスレスの無形の財産。あの時期につないで深めたご縁が、私の仕事に好循環をもたらしてくれています」

いま鮒谷さんは、会食の回数目標など立てなくても、「一つの縁が新しい縁につながっていく」という流れに任せて〝縁の年輪〟を刻んでいるそうです。

12 共同で作業をする

人との絆を深める行動として、お勧めなのは共同作業をすることです。

前項で述べた「たまに飲食を共にする」こともその一つですが、それだけのつき合いでは、なかなか相手の長所・短所を見極めることができません。よほど親しくならないと、互いに本音や本性を現すところまではいかないからです。

でも、共同作業に取り組めば、共に過ごす時間が長く、自分を取り繕ってばかりもいられません。そのうちに「素」の姿が出てくるものです。それによって、長所にしろ、短所にしろ、相手の思わぬ一面を発見することができます。

相手の長所と短所がわかれば、「ここは彼なら必ずやりきってくれる」と信頼することでプラスのエネルギーが互いに生まれる。または、その後のつき合いにおいて、「こんな人だと思わなかった」というような判断ミスが防げるのです。

人は誰しも、長所・欠点の両方を持ち合わせています。

だから、私が言いたいのは、欠点があるからつき合わないとか、長所だけを見てつき合うといった問題ではありません。**「長所・短所の両方をちゃんと認識して、相応のつき合い方をしましょう」**ということです。

それがわかっていると、互いの短所をカバーし合ったり、長所を活かして協力し合ったりする、心地よい人間関係が生まれます。それが自ずと、絆を深めることにつながるのです。

共同作業にはもう一つ、いいことがあります。

それは同じ目標に向かって、心を一つにできることです。そのなかで、通り一遍のつき合いでは得られない、非常に強い心の結びつきが醸成されていくのです。

それは言うなれば、同志的なつながり。幕末の志士たちが明治維新という新しい時代を開いたように、同志と縁を深め、強めていくことは、事を成すうえで大切なものです。あなたもさまざまな共同作業を通して、〝同志の縁〟を養っていきましょう。

彼らとの縁は、新しい人生を開く大きな力になってくれます。

13 ムダは大切だが、やらないと決めることも大切

「ムダなことを大いにやりましょう」

これは私の人生の標語の一つです。起きたこと、行動したことのすべてが何らかの役に立つ。ムダになることは何一つないと考えているのです。

生きていれば、心躍《おど》るいいことばかりではありません。むしろ辛いこと、苦しいこと、悲しいこと、悔しいこと、ついていないことなど、心を塞《ふさ》ぐことのほうが多いくらいです。しかし、そういった大変な経験があったからこそ、いまがあるのです。決してムダではなかったはずです。

最たるものは病気です。私は耳の障害によって、以前のように法廷に出たり、ゴルフを楽しんだりすることはできなくなりました。しかし、そのおかげで頭に浮かぶ考えを少しずつテープに入れ、それを書き溜めてブログや会報、新聞などに発表するという喜びを見出すことができるようになったのです。

いまは病気に感謝しているほどです。闘病生活はムダではなかったのです。

ふり返ってみると、**自分に起きた辛い出来事は、どんなことにもプラスの意味合いを見つけることが可能だ**と思えてなりません。だから何事も、ムダだなどと思わず、大いに経験したほうがいい。そのなかで、いろいろな人との縁もできるのですから。

ただし、

「これまでのしがらみやつき合い上、やりたくないけど、やらざるをえない」という状況のときは避けるべきです。そういうときは往々にして、悪い仲間にひきずられたり、悪事に加担させられたりする危険が潜んでいることが多くなります。つまり「良心が咎《とが》める」ことをするハメにならないとも限らないのです。

縁を深めることは進んでするべきですが、悪い方向に転がっていく可能性のある縁など深めてもしょうがない。その意味では「やらないことを決める」ことも大切です。

親しい間柄にあっても、つき合うことに後ろめたさが伴うようであれば、その人と真摯に向き合う必要はありません。つき合いのいい人はとくに自戒してください。

14 〝ついで訪問〟の効用を活かす

おもに企業の人事・労務問題を専門とする仕事柄、私はいろいろな企業を訪問します。そのときに一つ、心がけていることがあります。それは、「用件のある企業を訪問する前か後、近隣にある他企業にも顔を出す」ということです。

事前にアポを取る場合もあれば、アポなしで「近くまで来たので、ちょっと寄らせていただきました」と寄ることもあります。

いずれにせよ、おつき合いのある会社が近くに複数あるのに、目的の一社しか訪問しないのは水臭いと思うのです。それに往復にかかる時間を考えても、一社より二社、三社と〝ついで訪問〟をしたほうが、仕事の効率も成果も上がるのは言うまでもありません。

そして目的の企業の担当者には、「御社にお邪魔する前に、○○という会社を訪問してきました」とか「この後、近くの○○という会社に寄る予定なんですよ」といったことを挨拶がわりに話題にします。もちろん〝ついで訪問〟をした先にも、同様のお話をします。

すると、先方がその会社を知っていても、知らなくても〝地域つながり〟で互いに親しみを覚えるでしょう。そこからクライアント同士、「地縁」の輪が広がっていく可能性が出てきます。

あるいは「へぇ、あなたはあの会社ともおつき合いがあるんですね」と、私に安心感や信頼感を持っていただける可能性もあります。

つまり**〝ついで訪問〟が縁結び的な役割を果たし、結果的に企業間の「地縁」、私と企業との「仕事縁」がいっそう深まる**わけです。

10分や15分の短い時間でいいので、あなたもぜひ実践してみてはいかがでしょうか。思った以上の効用があると実感いただけると思います。

15 笑える体質に変える

ユーモアのセンスがあって、話がおもしろい人は、間違いなく好かれます。笑いが起こって、場の空気も和みます。

気の利いたジョークの一つで相手を笑わせることができれば、互いの距離が一気に縮まり、それが縁を広げ深めていく原動力にだってなりうるのです。となれば、ユーモアのセンスはぜひ身につけたいところ。難しいかもしれませんが、次のようなことを多くするだけでも磨かれていきます。

・ユーモア精神が旺盛な古今東西の達人たちの名著、名言を読む。

北杜夫『どくとるマンボウ』シリーズ、夏目漱石『坊っちゃん』、遠藤周作『ぐうたら』シリーズ。星新一のショートショート、井上ひさし『吉里吉里人』、三谷幸喜『ありふれた生活』シリーズ、桂文珍『落語的笑いのすすめ』など

・落語や漫才を聞く。ユーモアだけでなく、間の取り方、声の出し方も学べる。
・センスのある笑いを提供する芸人たちの番組を見る。
・ジョークが得意な友人と会話をする。

笑いのリズム感を身につけるには、**まずは耳学問から始めるのがいいでしょう**。そこから得た知識は話のネタとして活用できるし、そのうち自然と自分もユーモアまじりの話ができるようになります。

同時に、**ちょっとしたことで笑えるワザも身につきます**。ユーモア精神のない人というのは、誰かがジョークを言って、みんなが笑っているのに、自分は何がおもしろいのかわからない。しかし、笑いに慣れてくると、そういうこともなくなるのです。広く深く「縁つなぎ」をしていくためには、笑顔は欠かせない要素。カタブツの人はとくに〝笑える体質〟に改善することが望まれます。

ただし冷やかしやからかいは、たとえ笑いが取れたとしても、ユーモアとは別物です。相手もしくは誰かを貶《おとし》める発言には悪意や毒が含まれているので、槍玉にあげられた当人ばかりでなく周囲の人たちをも不快にさせます。気をつけたいものです。

3章

「縁つなぎ」のシステムを構築する

1 メモは会話の必需品

会食や接待などに出かけるとき、私は必ずメモを持って行くことにしています。相手と話をするなかで、引き受けた案件はもとより、琴線に触れたところや不意にひらめいたことなどを、ささっとメモをするのです。

これは縁づくりをするうえでも、大変重要なこと。

メリットはおもに三つあります。

第一のメリットは、**会話に集中できること**。メモをしないと、逆に「いい話だな。忘れないようにしよう」ということに意識がいって、話を聞くほうの意識が散漫になってしまうのです。

メモをとれば、もうその話は忘れても大丈夫。安心して、次々繰り出される相手の話に集中して耳を傾けることができます。そのほうが相手も、自分の話を一生懸命に聞いてくれると感じ、心地良く、いろいろな話をしてくれます。

結果、密度の濃い会話ができるし、互いの間に信頼関係が醸成されるのです。自然と縁をいい形で育てていくことができるでしょう。

第二のメリットは、**相手の言葉に刺激されてひらめいたものや、仕事に活かせそうな情報を、忘れずにすぐ行動に移しやすいこと**です。

ひらめきとか思いつきなどは、メモをしておかないと、たいていは忘れてしまいます。実行に至らない場合がほとんどでしょう。そうならないよう、私は後で必ずメモを読み返し、遅くとも翌日午前中には何らかの行動を起こすことを心がけています。

人づき合いにおいてはしばしば、「あの人は、私の提供した情報を右から左に聞き流すだけだな」という印象を与えるようなことが起こります。けれどもメモをしておくと、行動が促されます。それによって相手は、

「私の情報があの人の役に立ったんだな」

「あの場でひらめいたことをすぐに実行したんだな」

などといったことに気づくでしょう。

誰しも、自分の情報やアイデアが誰かの役に立つことは嬉しいもの。「あの人に話をした甲斐があった」となり、縁に発展性が出てくるのです。

そして第三のメリットは、**記憶力の衰えをカバーできること**です。

とくに年齢とともに、悲しいかな、記憶力は低下していきます。いや、日々忙しくしていると、若くてもすべてを記憶しておくのは不可能です。メモはそれを補ってくれるのです。

加えて、メモを読み返すことによって、情報が整理されて、頭のなかがクリアになります。それだけ新しい発想が生まれる可能性を高めることにもつながるでしょう。

せっかく自分が話したことを相手に忘れられてしまうと、悲しいような寂しいような気持ちになりませんか？

最悪の場合、「あの人とはあまりつき合わないようにしよう」と思われるかもしれません。

そのような縁を薄める原因をつくらないためにも、記憶力を補強するツールとしてメモを活用するのは非常に有効なことだと思います。

人と会うときは、それが仕事抜きのフランクな場であっても、いやそういう場であればこそ、メモをお忘れなく。会議や商談などのオフィシャルな場では得られない人との出会いがあるばかりでなく、幅広い分野の情報が得られるので、メモを片手に会話を楽しみたいところです。

メモを取り、メモを読み返し、実行する――若いうちからこの習慣をつけておくと、人生はより豊かになります。せっかくの人との出会いと交流を「**聞きっ放し・言いっ放しで終わらせる**」**など、非常にもったいないこと**なのです。

2 ボイスレコーダーを活用する

ふとひらめいたアイデアや部下に指示することなどは、記録しておかなければ、すぐに忘れてしまうものです。

それを防ぐために、私はメモすることに加えて、ボイスレコーダーを活用しています。自分自身がやるべきこと・やりたいことや、事務所内の弁護士や所員に対する指示などを、思いついたその場で吹き込むのです。それを週に一回、秘書に文字に起こしてもらい、書面にして所員らに渡しています。

私の場合は〝ボイスレコーダー魔〟で、録音する量が膨大なうえに、整理整頓が苦手なために、どうしても秘書に協力してもらうしかないのです。

「自分には秘書がいないからムリだ」と思うかもしれませんが、そんなことはないでしょう。一日の終わりや空き時間などを使って、自分でボイスレコーダーを聞き直して、メモをつくるだけのことです。

みなさんには馴染《なじ》みのある報告書や企画書のための資料などを書く感覚で、やってみてください。考えが整理できます。

このボイスレコーダーを使うメリットは、**文字だけでは伝わらない感情を鮮明に記録できること**です。そのほうが、文章化したときに躍動感が出るのです。自分の感情の濃さや強さを、文章ににじませることが可能になるわけです。

同時に、文書を受け取った相手にも、文章にこめたこちらの思いを感じ取ってもらえます。

外部の方々とメールやレターでやり取りする場合も、このボイスレコーダー方式をとることで、自分の感情や意図が伝わり、その分、その方たちとの縁も濃くなっていくと実感しています。

3 いただいた名刺を活かす管理法

名刺は縁の証《あかし》です。それなのに、名刺をおろそかに扱っている人が多いような気がします。

名刺交換をしても、後になって「あれ、誰だったかな?」「いつ、どこでお会いした人だったかな?」「どんな仕事をしている人だったかな?」「どこの地域の人だったかな?」などと思いだせないようでは、せっかく得た縁を活かすことは不可能です。

私は名刺の管理を月2回くらいのペースでします。

その間にいただいた名刺をボックスから取り出し、名刺交換時に記入しておいた「お会いした年月」をはじめ、「個人名」「会社名」「所在地」の4つをデータ化します。

もし名刺の裏に書かれている情報(紹介者、同伴者、お会いした場所など)があればそれも一緒に保存します。

その後、**名刺を「引き続き交流を続けたい人」と「もう接触する機会がほとんどない人」と、二つに分けています。**

差別するわけではありませんが、名刺交換をする人があまりに多いと、こういう選別をしておくことも必要なのです。

その二種類を分ける観点は、「自分自身の人格形成や仕事にプラスになる人かどうか」ということです。人によっては、お金になる人・ならない人という視点から選別するかもしれませんが、私はその点については重視していません。お金にならなくてもいいのです。人格的に優れているとか、豊富な知識や経験、情報を有している、幅広い人脈を持っているなど、**自分を刺激してくれるものをお持ちの方ならいいのです。**

そうして親しくなりたいと思った人には、今後も交流を続けていけるように、積極的に働きかけています。たとえば、「事務所報」を送ったり、メールマガジンを発信したり、講演会にお招きしたり……。一度の出会いを継続する縁につなげる方途《ほうと》を探《さぐ》ることに余念がありません。これも、生きた名刺の利用法と言えるでしょう。

ほとんど覚えていることですが、「この人は誰のご縁で知り合ったのかなぁ」と気になったときには、まず「個人名」から検索します。もしそこで細かい情報が記載されていなくても、名刺交換した年月がわかるので、スケジュール表をたどって見ます。そこで紹介者や同伴者、出会った場所などがわかることが多いのです。そのとき、あらためて当時の状況や、紹介してくれた人の顔を思い出して感謝します。

また、地方へ出張する場合、その地域で縁のある人の名簿を見ながら、「せっかくだから、ついでに久しぶりにお会いしに行こう」と欲張りな計画を調整することもあります。

いずれにせよ、名刺はコレクションして楽しむためのものではありません。ましてや、ゴミのように扱うべきものでもありません。きちんと管理し、記憶しておいてこそ、縁をつないで人脈を形成していくうえで意味のあるツールになるのです。

4 次につながるお礼状を書く

初めてお会いした方には、すぐにお礼状を書く。あるいは会食のひとときを共に楽しんだ方、何らかのご協力をいただいた方などにも、すぐにお礼状を書く。私はこれを励行しています。

そのお礼状を通して、互いが引き受けた事項を再確認するとともに、お会いできたことと、有意義な時間を過ごせたことに対する感謝の気持ちを伝えるのです。

そんなお礼状を受け取って、イヤな気持ちになる人はまずいません。こちらに好感を持ってもらえるし、出会いのひとときを思い返すことでこちらの存在を記憶に定着させてもらうことができます。

何よりも大事なのは、**最後に「またお会いする日を楽しみにしています」という一言を書き添えること**。さらに、**引き受けた事項や再会の期日の約束は、近日中に必ず実行すること**です。

出会った人みんなに、こういった小さな積み重ねをしていくことが、やがては多くの縁が始まり、同時に深まり、人生が豊かになっていくことにつながるのです。

お礼状を書くことは、楽しく充実した時間は人と共にあること、何事も自分一人の力ではなしえないことを再確認する行為でもあります。

つまり、いただいた縁に感謝する気持ちがいっそう強くなるのです。そこから「このご縁をより深めていこう」という思いも新たになります。

人間は忘れっぽい動物ですから、こういう「お礼状を書く」時間を持たないと、その縁が、すぐに日常の雑事に紛れてしまうのです。

もう一つ大事なのは、**一字一字に心を込めて、文章を書くこと**です。メールでも、何のお礼もしないよりはマシですが、お手軽な分、形ばかりのお礼という印象を与えます。自筆で書くからこそ、伝わる心というものもあるのです。

何でもメールですませる世の中にあって、自筆の手紙というのは以前より輝きを増すものではないでしょうか。

5 〝お土産インプレッション〟を活用する

いつのころからか、私は会合などにお集まりいただいた方にお土産を渡すことを慣例としています。

その方が職場やご自宅に帰ったときに、手ぶらよりも何かお土産があったほうが、待っているみなさんにお喜びいただける。そう思ったことがきっかけでした。そのお土産が非常に評判が良かったのです。

一番のメリットは、お会いした方はもとより、職場や家族のみなさんにも、私という人間を少し印象に残してもらえることです。折に触れて、

「あのとき、あれをもらったな。みんなも喜んでいたっけ」

というふうに思い出してもらえますし、職場や家族の方も、

「あのとき、お土産をくださった高井さんはどうされていますか？」

などと気にかけてくださいます。

これは言うなれば〝お土産インプレッション〟。単純な心づかいながら、お土産は「あなたとのご縁を大切に思っていますよ」という意思表示でもあるので、自分のことが良い印象で相手の記憶に刻まれる可能性があるのです。それが言うまでもなく、縁を長く深く紡ぐことにつながります。

お土産はあくまでも「気持ち」ですから、何も高価なものでなくてもかまいません。ただ、ちょっと気の利いたものを用意したほうがいい。

たとえば会社の近くにある「おいしい」と評判の店のものや、メディアで話題の店のもの、自分にとって思い出深いもの、文学作品に登場するもの、創業○○○年の店のもの……など、**お土産一つから話題が広がるものが望ましい**でしょう。縁づくりがよりスムーズに運びます。

お土産だけではなく、プレゼントにも気を配りたいところ。それも、相手の誕生日やお店・事務所の新規オープンなどにお祝いを贈るのは当たり前。けれどもそれは誰もが考えることなので、自分のプレゼントがその他大勢の人たちのプレゼントの山に埋もれてしまう可能性があります。

そこはひとひねり、相手のことをよくリサーチして、奥さまの誕生日に花束を贈るとか、お子さまの進学・卒業のお祝いをする、相手の方の出身校がスポーツや何かで優勝したとき……など、**人があまりプレゼントをしないときに差し上げるほうが効果的です。**

そういった意表を突いたプレゼントをもらうと、相手が「自分のことをよく知ってくれているんだな」と感動してくれる可能性が高くなります。

ただし、あまりワザに走ると、「下心があるんじゃないか」と疑われることもあるので、その辺は注意が必要です。

ともあれ、お土産やプレゼントは相手との縁を深める大切なツール。上手に活用するようにしましょう。

6 良い人脈をつくる四つのポイント

人との出会いを良い人脈に発展させる、そのポイントは四つあります。

第一は、**最初のころは一対一で会うのではなく、できるだけ複数の人と会うこと**をお勧めします。理由は、複数の人がいたほうが、会話に広がりが出て、それにより多くの考え方や価値観に触れることができるからです。

一般的には、一対一のほうが親密度は高まるのでは……と、意外に思われるかもしれませんが、その場合、相手を見誤る危険もあります。

もちろん、二人きりのほうが腹を割った話をしやすいとか、核心に迫る話を聞きだしやすいというのはメリットです。ただ、相手の発言を言葉通りに受け取っていいものかどうかを判断するのが難しくなります。

その点、複数の人がいたほうが、話すほうも「うかつなことは言えない」と思い、慎重になるそうです。それだけ相手の発言は信頼できるものと言っていいでしょう。

第二は、**メンバーに異性を交えること**です。

男性も女性も、異性の前では多かれ少なかれ、違った姿を見せるもの。同性だけで会うときにはわからなかった、相手の意外な一面を窺《うかが》うことができます。

また男性か女性かで、ものの見方・考え方がまったく違うことはよくあります。より多様な価値観を知ったり、性別による違いを発見したりするためにも、メンバーに異性がいたほうがおもしろいのです。

第三は、**二度、三度と会う機会を設けること**です。

一回会っただけでは、相手がどういう人物なのか、なかなか見極められません。いかに好印象であっても、自分にとって良い人脈になりそうな資質を持っていそうでも、何度か会って、話す内容にブレがないかどうかを知る必要があります。

そして第四は、**会った人がどんな話をしたか、ちゃんと記憶していること**です。

せっかく出会って、いい話をしたのに、すぐに忘れてしまうことはありませんか。そうなると、会うたびに同じような話をして、事がいっこうに進まなかったりします。または、人柄やその人がもたらす情報をしっかり判別しないままに無意味な会合を続けて、良い人脈に発展していかないことが多くあるのです。

会って話したことは、次の機会に「前にこういうお話をしましたね」という具合に再確認するといいでしょう。そうすれば、相手も「この人はいい加減な受け答えはしない人だな」と思うはず。より濃い内容の話ができるようになり、その過程でたしかな良い人脈が醸成されていきます。

人と会うときには、以上四つのポイントを踏まえてください。必ずや、良い人脈をつくることができます。

7 早起きで新たな「縁」づくりをする

私は毎朝、夏でも冬でも4時半から5時には起きています。

その理由はズバリ、**人と関わる時間をつくり出す**ためです。「年を取ったから早起きになった」わけではなく、1963年に弁護士となり、10年後に独立して以来40年余り、ずっと早起きを励行しています。

きっかけは、私のクライアントは大半が経営者で、みなさん「朝型人間」だったことです。彼らと仕事をするには、さらに一歩先の早朝に手を打っておかなければなりません。それで独立を機に、思い切って夜型から朝型に切り替えたのです。

なかでも驚いたのは、石川島播磨重工業（現・IHI）社長や東芝の社長・会長を務め、経団連会長、第二次臨時行政調査会会長などをされていた土光敏夫さん。初めてお会いしたときのアポイントは、何と朝の7時20分でした。

聞くと、土光さんは6時半には出社されているとのこと。それに触発されて、私も午前6時には事務所に行くようになったのです。

早朝は来客や電話もなく自分の時間を確保できるし、睡眠によりリフレッシュされた頭がよく働くので仕事の効率もいい。「朝の1時間で昼間の3時間分の仕事がこなせる」感じです。いいアイデアも次々とわいてきます。

また、早起きをすれば活動時間が増え、必然的に人と関わる時間もチャンスも増えます。しかも早朝に一日の仕事の準備を万端整えられるので、クライアントに朝一番で連絡することも可能。「あの法律事務所は朝早くから対応してくれるから助かる」と言われています。

さらに、朝時間を積極活用する人たちとの縁ができることも大きなメリットです。よく朝食を食べながらの勉強会やセミナー、ミーティングなどを開く人たちがいます。早起きだと、そういった会に参加するチャンスに恵まれるのです。

〝早起き人間〟にはアグレッシブな方々が多いので、昼間や夜の会以上に前向きな議論が行われますし、意見・情報の交換も活発。非常に有意義な時間を過ごすことができます。

さらに早朝の会合は、一日の仕事に向かう気持ちを高めてくれます。仕事がスムーズに運ぶことはもちろん、行動が積極的になり、いろいろな人たちと交流する意欲も高まるのです。

ほかにも「早朝散歩」で親しいご近所さんが増えるとか、「早朝エキササイズ」で体調が格段に良くなる、「早朝読書」で幅広い知識が養える……など、メリットはたくさんあります。

そういった意味では、**「人脈・健康・知識は朝つくられる」**と言ってもよいのではないかと思います。

このようにメリットを数え上げるにつけ、早起きには「三文の得」以上のものがあると実感しています。

みなさんもぜひ早起きを！　人生が変わりますよ。

8
「言葉の力」を知れば心がブレない

一つの言葉が人生を変えたり、生き方を定めたりするほどの力を持つことがあります。私にとってそれは、**「石にも目がある」**――。

弁護士一年生のときに恩師の孫田《そんだ》秀春先生より授けられた言葉です。こんな逸話を引いて説明してくださいました。

剣聖・塚原卜伝《ぼくでん》は、石工が石を巧みに割る姿を見て、自分もやってみました。ところが、どうにもうまく割れません。不思議に思っていると、石工はこう言いました。

「石には目というものがあります。そこに槌《つち》を当てれば、たやすく割れます。目でないところをいくら打っても、決して割れないのです」

卜伝はこのとき、剣術の極意を悟りました。

石の「目」とは、鍼・灸・指圧などの治療にたとえるなら「ツボ」といったところでしょうか。物事の核心と言ってもいい。私はこの言葉を弁護士活動に当てはめて、「いかに難しい仕事であっても、必ずどこかに『目』がある。そこを狙って突破口を開けばよい」

ということを教訓にしています。

何か難題にぶつかるたびに、「石にも目がある、石にも目がある」と繰り返し自分に言い聞かせ、気持ちを鼓舞してきたのです。

「目」は多くの場合、ひらめきによって発見されます。同じ問題をあきらめずに考え抜くと、ちょっと疲れて浮遊《ふゆう》の境地に陥った瞬間などに、パッと道が開けるような、雲が晴れるようなひらめきを得ることがあります。そこにこそ「目」があるのです。

弁護士はそのような独自のひらめきによって得た「目」を、依頼者にわかりやすい言葉で論理的に明示して共感を得るのが仕事だと考え、実践しています。

あなたも誰かからいい言葉を教えられた経験はあると思います。あるいは本を読んでいるときに、いい言葉に出合うこともあるでしょう。

それをメモして座右の銘とし、日々の仕事や人生のなかで実践してください。

「言葉の力」を知れば、心がブレることなく生きていけます。

言葉には、それほどの力がありますから、人づき合いにおいてはある種の武器として使うことが可能です。

9 相手の心をつかむ話し方

相手の心をつかめるかどうかは、自分の発する言葉しだいと言えます。

自分の考え方や感じ方などを力強い言葉で表現し、的確に相手に伝えることが大切です。その際、私が心がけていることが三つあります。


一つ目は、**明確に伝えること**。


極力あいまいな表現は避け、「できる・できない」「やる・やらない」「望む・望まない」「わかる・わからない」「受ける・受けない」などをはっきりさせるのです。

あいまいなほうが、当たりが柔らかいと思うのか、日本人は語尾をあいまいにする傾向があります。それでこちらの真意が伝わらなければ、何にもなりません。

断定的に話すほうが、自分の発言に責任を持っているという印象を与えます。

二つ目は、**相手に希望を与えること**。
たとえば何か相談を受けたときなど、「何としてでも、希望に沿うようにしよう」という意気込みを持って接する。それが相手に対する誠意というものです。

三つ目は、**話を途中で打ち切ってしまわないこと**。
相手は解答を求めているのに、「では後日、あらためて」などと言ってお茶を濁すのは絶対に避けたいこと。宿題にするのは悪くはありませんが、どういう方向性で解決するつもりかを明確に述べておくことが大切なのです。

以上の三つをポイントに、私は仕事や人づき合いをするよう努めています。すべては「言葉の力」を正しく活用し、縁づくりの強力なツールとするため。参考にしてください。

10 「縁故採用」を見直す

「縁」に関連して、「縁故採用」について書いておきます。

近年、企業の人材確保策が様変わりしています。大企業を中心に、昔は当たり前とされてきた「縁故採用」が排除され、能力主義を中心に据えて採用を決める傾向が顕著に見られます。

「縁故の有無で採用を決めるのは公正ではない」とか「縁故採用だと優秀な人材が集まりにくい」といったデメリットがあるからでしょう。

もっともな判断ですが、**「縁故採用＝悪」とすべて決めつけることはありません。**

縁故採用の良さがあるからです。

縁故採用は通常、就職希望者の親兄弟・親戚を含む知人を介して行われます。その紹介者が信用のおける人物なら、それだけで信頼できる部分はあります。「紹介するのは恥ずかしい」ような人を、誰も紹介しようとは思いません。デキの悪い人を紹介すると、自分まで評価を下げてしまいますから……。

それに、本人にも「紹介者の顔をつぶさないよう、がんばろう」という気持ちが働きますので、一生懸命働いてくれることが期待できます。紹介者を介して会社のこともよく理解しているし、会社への忠誠心も厚いでしょう。

そこには、採用試験の点数や面接での印象には表れない良さがあるのです。よほど能力に不安がない限り、信頼して採用する価値はあると思います。

そもそも能力主義で採用した人材が、本当に優秀かどうかは微妙なところです。学歴は申し分なし、筆記試験の成績は良好、面接では好印象……採用試験でそんな高い評価を得た人物が、実際に働いてもらうとただの頭でっかちで、行動力・応用力・発想力・協調性などが発揮されず、使えない人物だったということはままあります。

採用担当者の人を見る目がなかったのだと言えばそれまでですが、採用試験だけでは評価できないものもあるのが現実。能力主義を基本に置きながらも、縁故採用の良さを見直し、多少は「縁故採用枠」を取り入れてもいいのではないでしょうか。

4章

だから「縁」が遠ざかる

1 悪口はやがて自分に返ってくる

人の悪口を肴に酒を飲む。それは、サラリーマンやOLたちが居酒屋などで繰り広げる定番の光景と言えます。

けれども、悪口は言わない、乗らないのが一番。というのも、悪口は二つの意味で人との縁を遠ざけるからです。


一つは、**人の悪口を言えば言うほど、自分自身を貶《おとし》めることになります。**

悪口を言う人に対して、誰もがこう思います。

「この人はきっと、よそでは私の悪口を言うだろうな」と。

つまり、周囲の人たちの信頼が得られないのです。

実際〝悪口好き〟な人というのは、何かうまくいかないことがあると誰かのせいにしたり、自分のことを棚に上げて誰かを批判したりする傾向があるものです。たとえ、最初のうちはおもしろがって聞いてもらえても、しだいにそっぽを向かれます。あまりにも聞き苦しくて、聞いているほうがその場にいるのもイヤになってしまうのです。

もう一つは、**悪口は回り回って、対象とした人に伝わることです。悪口の〝本人返し〟**と言いましょうか。悪口を聞いた人のなかには、「ここだけの話ですよ」と念を押されても、いや、そう言われるとなおさら、

「あの人があなたのことで、こんなことを言ってましたよ。信用してつき合わないほうがいいですよ」

などと、悪口の標的とされた本人にバラす人がいるものなのです。

悪口を言われた当人にしてみれば、これほど不愉快なことはありません。「金輪際、つき合うものか」と、縁を切られるのは目に見えています。

むしろ自分に直接悪口を言ってくれたほうが気持ちいい。「私のことを思って言ってくれるんだな」と反省する気にもなれます。

もっとも私自身、人の悪口を絶対に言わないとも言い切れません。その場合は、縁

が切れることは覚悟のうえ。いわば絶縁状を突きつけるつもりで言います。

でも、そんなことはまれです。私は出会ったほとんどの人たちと少しでも縁をつないでおきたいと思っていますから。このことは強調して、つけ加えておきましょう。

いずれにせよ、悪口というのはさまざまな形で、やがて自分に返ってくるもの。言わないに越したことはありません。

2 「肩書」にこだわらない

子どものころから比較されて育ってきたせいか、人に上下をつけたがる人がいます。出自や経済状態、能力、学歴、容姿など、さまざまな面で自分より上か下かで判断するのです。

結果、相手のほうが上だと思うと嫉妬したり、媚びへつらったり、逆に下だと思うとバカにしたり、横柄にふるまったり。そんなふうだと周囲から好かれるはずもなく、縁は遠のくばかりです。

なかには特権意識が強く、自分が特別扱いされることを喜ぶ人もいますが、それは例外中の例外。**多くの人は「相手によって態度を変える」人を嫌います。**「縁をつなげたい」とは思わないのです。

いちばんありがちなのは、肩書を見てつき合うべきか否かを判断すること。「立派な肩書のある人とつき合いたい」気持ちが強すぎて、肩書のない人との縁を軽視するのです。

「地位の高い人と懇意になれば、自分も引き上げてもらえるだろう」

そう期待する気持ちはわからなくもありませんが、**現在の肩書ほど無意味なものはありません**。

一流企業だって、業績が悪化すれば、瞬く間に一流の座から滑り落ちます。いま花形部署の部長を務めている人だって、会社員につきものの異動・降格を受ければ、たちまち最前線から離脱してしまいます。

逆に、名もない企業が一躍大企業にのし上がることもあれば、肩書のない人がみるみるうちに力をつけて頭角を現すこともあります。

いずれにせよ肩書で人を判断していると、後々、「つき合わなければ良かった」「つき合っておけば良かった」と後悔することにならないとも限りません。

肩書のような寄る辺のないものを頼みにせず、出会った人みんなと縁を結んだほうがいい。誰もが自分に学びや刺激を与えてくれるものを何かしら持っているはず。

そこを見てつき合っていくのが、「いい縁」の結び方なのです。

3 「我」を捨てて「縁」を取る

日本人は自己主張が苦手です。それゆえに「自分はどうしたいのか、どう考えているのか、きちんと自己主張しなさい」と教えられてきた部分があります。その功罪と言うべきか、近年は「我が強い」人が増えているように感じます。

たとえば「自分さえ良ければそれでいい」という自分本位の考え方。

「私が、私が」と、ことさらに自分を前面に押し出すふるまい。

周囲のことなどお構いなしに、無理やりに我を通そうとする姿勢。

そんなふうでは、縁がどんどん遠ざかります。なぜなら縁とは、人と人とを結ぶものであって、自分しかなければ縁の結びようがないからです。

「自己主張をしてはいけない」と言いたいのではありません。自己主張をすることは大事ですが、それは「我が強い」こととイコールではないと知っていただきたいのです。わかりやすく言えば、自分の考え方や欲求を表明するのが自己主張で、それを押し通そうとするのが「我を張る」ということです。

我の強い人はまた、自分と同じように我の強い人を嫌います。それは、自分の我を通すのが難しくなるからでしょう。

しかし本来なら、「人のふり見て我がふり直せ」。我の強い人に会って「イヤだな」と思うのなら、自分の我の強さを抑えるのがスジです。**自分の我をちょっと引いた瞬間、縁がつながっていきます。**

ですから多くの人と縁をつなぎたいのなら、まず「我」を捨てなければいけません。自分本位の言動を意識して封じ込めるのです。とくに出会って間もない、互いの理解が進んでいない人に対しては、「我を殺す」くらいでちょうどいい。

「営業の達人」と呼ばれる人たちの共通点は、我を捨てて相手の懐に飛び込むことで心をつかんでいます。言動に強引さがないから、相手は受け入れてくれ、心を開いてくれるのです。

これこそが「『我を』捨てて、『縁』を取る」ということ。

自分を磨くお手本としてください。

4 同じ話が多いと、人が離れる

「その話、もう百万回聞きましたよ」と言いたくなるくらい、会うたびに同じ話をする人がいます。

武勇伝だったり失敗談だったりいろいろですが、いくらおもしろい話でも何度も聞かされると、嫌気《いやけ》がさしてきます。相手がガマンできるのはせいぜい3回まででしょう。それ以後は会う前に「またあの話を聞かされるのか」とウンザリされます。

このように同じ話を繰り返すことは、パターンとして三つに分けられます。

一つは、前にも話したことがあるとわかっていて、繰り返すパターンです。

その話をしたい気持ちがよほど強いのか、その話をしないとどうにも気持ちが落ち着かないのか。理由はわかりませんが、「相手がどう思おうと自分には関係ない」とするところがいただけません。

同じ話をした覚えがあるのなら、もうしないと決めること。「前にも話したと思うけど」という枕詞《まくらことば》をつけてもダメ。封印するよう心がけましょう。

二つ目は、講演などをする機会が多く、大勢の人に同じ話をしているため、誰に話したかを覚えていなくて繰り返してしまうパターンです。

そんな人はとりあえず相手に、その話を聞いたことがあるかどうかを確認するといいでしょう。たとえば「○○に行ったときのこと、話したことありましたっけ？」とか「○○への営業でうまくいった話、しましたっけ？」などと、話の内容が想起できるキーワードを示すのです。

そうして相手が「ああ、前に聞きました」と言えばやめる。「聞いたような気もしますが、もう一度聞きたいな」と言えば話す。これだけで同じ話をする手間をずいぶん省けるはずです。相手も「配慮のある人だな」と感じてくれます。

三つ目は、同じ相手に話したことを忘れて、繰り返すパターンです。

本当に忘れているのでしょう、「これ、あなたに初めて話すんですけどね」などと言って話し始める人もいます。

これはばかりはどうしようもない。周りが注意を促すしかありません。さり気なく「前にもお聞きしましたよ。おもしろいお話でしたね」と言って、途中で止めてあげる手立てが必要です。

もっともそういう人は聞いたと言われても、途中で話をさえぎられても、話し続ける傾向があるので、非常に厄介です。

縁を広く深くつなげていくには、新鮮な話題を提供することが必要不可欠になります。相手は新しい話題が得られるからこそ、「また刺激を受けたい」と思う。それが自分の好感度につながるわけです。

「いつ会っても、おもしろい話をしてくれて、刺激がある」

相手にそう思ってもらえる繰り返しは、縁つなぎにおいて重要であると心してください。くれぐれも同じ話を同じ相手に三度以上繰り返さないように。

5 自慢話は自分の評価を下げる

自慢話が好きな人は、おそらく多数派でしょう。なかには「会話の8割以上が自慢話」などと嫌われる人もいます。

豊かさ自慢、家柄自慢、学歴自慢、会社自慢、知り合いに有名人がいる自慢、特技自慢、スタイル自慢、モテ度自慢、ファッションセンス自慢、家族自慢、家自慢、車自慢、教養自慢、旅行歴自慢……自慢の種は数え切れないくらいたくさんあります。

それにしても、なぜ人は自慢をしたがるのか。

心理的にいちばん大きいのは、「自分の価値を認めてもらいたい」という気持ちではないでしょうか。もっと言えば、

「誰も賞賛してくれないから、自分のすごさを認める発言をしてくれないから、自分で言うしかない」

といったところ。いわゆる自画自賛による自己アピール、それが自慢の正体です。

ですから自慢話をするということは、「私は誰からも評価されていません」と自己申告するようなものなのです。皮肉にも、**自分を大きく見せようとして、逆に小さく見せてしまうことになります。**

本当にすごい人とは、自分で自慢するまでもなく、周囲が認めているケースがほとんどです。つまり、

「自分の優れたところは他者が評価するものであって、自己申告するものではない」

ということを認識する必要があるでしょう。

では、なぜ自慢話をする人は嫌われるのか。

それは、自分の話をすることに一生懸命で、相手の話を聞こうとしないからです。相手に関心を寄せるという配慮をしていないからとも言えます。

その自慢話がたとえ誰もが納得できるものであったとしても、相手にとっては不快からちょっと意地悪になり、「口ほどのこともないくせに」とか「それが自慢？　ふつうじゃない」などと思うのです。

また自慢話を聞かされれば聞かされるほど、相手は自分が見下されたような気持ち

にもなります。「自分のすごさを見せつけて、こちらを落ち込ませたいの?」「嫉妬してもらいたいわけ?」と思う人だっているでしょう。

とにかく自慢話は聞き苦しいものなので、しないに越したことはありません。「あんな人とはつき合いたくない」と縁を遠ざけるだけなのです。

どうしても自慢をしたくなったら、「支えてくれた人のおかげ」であることを付け加えましょう。自慢話の多くは、自分一人の力を強調するから、余計にイヤミな印象を与えるのです。

謙虚な気持ちを忘れなければ、自慢話を単なる自慢話に終わらせず、相手に嫌悪感を与えることも少なくなると思います。

6 「縁」は無趣味・無関心・無感動を嫌う

前に述べたように、縁づくりの上手な人は多趣味で、好奇心・知識欲が旺盛です。さらに、感動しやすい体質でもあります。わずかな刺激にも心を動かす鋭敏な感受性があるのです。

そして、さまざまな人・モノ・コトに関心を持ち、それらとの出会いから縁をどんどん広げながら、自分の世界をさらに広く深いものにしていきます。

縁に乏しい人はその真逆でしょう。趣味が少なく、何事にもあまり関心を示さず、感受性が鈍い分、感動することも少ないのです。

そんなふうでは縁に恵まれるわけはありません。縁は「無趣味・無関心・無感動」な人のところには生じようがないのです。

そんな人は今日から少しずつ〝体質改善〟をしていきましょう。

とっかかりとしては、小さなことでいいので、毎日一つか二つ、「いままで経験したことのない」ことにトライしてみてください。

たとえば朝食をいつものパンではなくご飯にする、駅までのルートを変える、一本早い通勤電車に乗る、読んだことのないジャンルの本を読む、見たことのないテレビ番組を見る、ふだんは着ない色のジャケットを買う、社食のランチに頼んだことのないメニューを選ぶ、近所の知らない場所を散歩する、興味のなかった芝居やスポーツ、美術展などに足を運ぶ、話題の店の行列に並ぶ……。

日常にちょっとした変化を起こすだけで、見える世界が違ってきます。新しい発見があります。いままで出会ったこともない人・モノ・コトとの縁もできます。

もしあなたが毎日判で押したような暮らしをしているなら、少し冒険してみましょう。「縁」に縁がなかった生活が、変化し始めます。

7 会合・会食の〝切り上げ上手〟になる

時間にルーズな人は嫌われます。

私たちは誰もが一日24時間しか与えられていませんから、時間は非常に貴重な有限の資産です。それなのに遅刻したら、どうでしょう？

人の大切な資産を奪うことになります。

だから〝遅刻常習犯〟は嫌われる。それはわかりますね？

意外と見落とされがちなのは、会合や会食の時間をだらだらと延長させることです。

もう十分に話し合った、情報交流も存分にした、それなのに徒《いたずら》に長引かせるのは、遅刻と同様、人の時間を奪う行為です。度重なれば、周囲の人たちに、

「会合にあの人がいると、話が長引くからイヤだ」

「あの人と会食すると、決まって深夜に及ぶからイヤだ」

などと悪印象を与えます。

つまり「もう会いたくない」と、だんだん遠ざけられるようになるのです。

会合や会食は長ければいいというものではありません。切り上げるタイミングというものがあります。

「話は出尽くした感があるな」

「ここで終わりにすれば、良い余韻が残るな」

などと感じられる――そのときが切り上げ時。

「そろそろお開きにしましょうか。今日はありがとうございました」

などと言って散会を促すのがベストです。参加者全員が心地いい余情を残しつつ、その場を退出することができます。

自分から切り上げましょうと言うのは、なかなか勇気のいることですが、いいタイミングでこれができると、「なかなか〝切り上げ上手〟の人だな」と感心してもらえることが増えます。

しかも参加者は、じりじりと散会を待つストレスがなくなるので、「こういう気持ちのいい会なら、また参加しよう」という気持ちにもなるでしょう。縁が続いていく可能性が高まるのです。

とくに会合や会食を主催する立場の人は、切り上げるタイミングに注意してください。このタイミングを間違えると、〝縁遠い人〟になってしまいますよ。

もちろん飲み足らない人は、もっと飲みたい人と飲みに行けばいいのです。

その人たちにとっても、少し早めに二次会がスタートできて喜ばれます。

5章

「縁」の切れ目に注意する

1 「縁」にも「見切り千両」の時がある

相場の世界に「見切り千両」という言葉があります。「含み損の状態にある株式などは、反転を期待して保有し続けてはいけない。手放して損切りするべきだ」という意味です。

「高値覚え」とも言って、たいていの人は過去の高値水準が忘れられません。また「損切りした後に上昇トレンドに乗ったらおもしろくない」という気持ちもあって、なかなか手持ちの株と縁を切れない。そのために大火傷《おおやけど》する例が多いのです。

これは「縁」に応用できる教訓です。縁あって交流している人に裏切られた場合、それでも信じて縁をつなぎ続けることはありません。裏切りが二度、三度と重なればなおさらのこと、縁を切ったほうがいい。

信頼関係が崩れたとき、互いを結びつけていた絆は簡単に切れてしまいます。

人が信頼を失う三大要因は、「ウソをつく」「時間を守らない」「言行不一致」ということでしょう。

ウソをつく人を、信じることができますか？

時間にルーズな人と、つき合いたいと思いますか？

口では立派なことを言いながら、行動がともなわない人を、信頼しますか？

「信頼関係」とは、互いに「信じて頼る」関係にあることです。

多くの人と縁をつなぎ続けたいのなら、信頼関係の基となるこの三つのことを常に守るのがルールです。

もし縁あって交流してきた人がルール違反を犯したなら、見切り千両よろしく、縁を切ってもよいと思います。

縁には「切れ目」というものがあります。何とかつなぎ続けようとジタバタせず、冷静に相手が信頼に足る人物なのかどうかを見極めることも大切です。

もちろん、あなたも相手からその視点で見られていることを忘れないように。

2 〝縁切り酒〟にご用心

お酒が入ると、ふだんとはまったく違う人格が顔を出す人がよくいます。聞き苦しいほどのグチをくだくだ並べ立てる、些細なことで烈火のごとく怒る、大声でわめく、説教魔になる、やたらからむ、泣き上戸になる、笑えない冗談を言いまくる、罵倒する、暴れる……いずれも〝ご愛嬌〟程度ならいいのですが、度を超すと始末に負えません。

悪感情に任せた言動は、当然、周囲に不快な空気をまき散らしてしまう。

いかに「酒のうえのこと」とはいえ、度重なれば、いや最悪の場合は一度でもそういうことがあると、笑って見過ごしてもらえないでしょう。「あれがあの人の本性なんだ。本音なんだ」と判断されるだけです。

これを称して〝縁切り酒〟――。

二度と酒席に誘ってくれる人はいなくなり、縁が切れてしまうこともありえます。

お酒を飲んで乱れる人の多くは、その自覚があるそうです。ですから酒量を控えるか、むしろ「人前でお酒を飲まない」と決めるくらいがベストです。

少なくとも「酒宴の後で縁が切れる」という最悪の事態を防ぐことができます。

もちろん、共にお酒を酌み交わすこと自体は、悪いことではありません。むしろ、いいことです。

互いに腹を割って話ができるし、心身がリラックスするほど発想の自由度も高まります。とくに陽気になるお酒なら、場が盛り上がって、それが縁を広げ深めることにもつながります。

そういった〝いいお酒〟にするために、**自分にとってちょうどいい酒量をわきまえられる人間になりたいもの**。それができれば、お酒ほどすばらしい「縁つなぎの潤滑油」はありません。

3

お金の貸し借りが生じたら、「縁」の切り時

親しい人から借金を申し込まれたとき、あなたはどうしますか?

・相手は返してくれると信頼して、貸すでしょうか。
・それとも気まずくなるのはイヤだから、「あげる」つもりで貸すでしょうか。
・どんなに親しい間柄でも金銭の貸し借りは、人間関係を壊すものだから、絶対に貸さないでしょうか。

どれが正解とも言えませんが、自分がお金を借りる立場になった場合に心得ておきたいのは、借金を申し込んだ時点で縁を切られる可能性が高い、ということです。

返すにせよ、返せないにせよ、結果は関係ありません。そもそも、

「お金というものは、人の自由と選択に密接に関係している」

ということをしっかり認識しておきましょう。

そもそもお金とは、どんな役割をするのでしょう。

お金を持っていればいいるだけ、生き方の自由度が高まるし、選択の可能性も広がる。贅沢をするかどうかは別にして、お金があればある程度好きなモノが買える。趣味や教養に投資をすることもできる。暮らしを豊かにするサービスを受けることもできる。保険などを通して「安心」を買うこともできる。

何をするにもお金が必要なのですから、借金を頼む人は、貸してくれた人の自由を束縛し、選択肢を狭めることになるのです。縁のある相手に対して、そういうことをすること自体、失礼なふるまいとも言えます。

それは、**貸してくれる人を大切に思っていないことの裏返しなのです**。つまり、借金というのは相手との縁をないがしろにする行為に等しいと思ってください。

だから、安易にお金を借りてはいけないのです。

では、貸す立場になった場合は、どう考えればいいか。

どうしても貸してあげたいのなら、貸してもいい。もちろん断ってもいい。

ただし、借金の保証人にだけはなってはいけません。

ただ、借金を申し込まれた時点で、その人との縁は切れたものと見なしてかまいません。ためらったり、後ろめたく思ったりする必要はありません。そこが「縁の切れ目」と判断しても許されるのです。

もちろん、「投資」の意味合いのある申し込みについては、ちょっと違います。

自分が心から応援したいと思う人物や事案なら、できる範囲で積極的にお金を出してあげるといい。投資なら、回収できなくてもともと、という気分になれますから。

借金の依頼も、投資の依頼も同じように、すべからく「返ってこないお金」と割り切れるものに限って受けることを勧めます。

4 「縁」の修復には「陰褒め」が効く

「自分は縁を切りたくない、今後も交流を続けていきたい」と思っているのに、相手が遠のいていくことがあります。

・意見の食い違いがあって、折り合いが悪くなったとき
・相手が何かまずいことをやって、つい激しく叱責してしまったとき
・相手をこっぴどく批判して、傷つけてしまったとき

このようなことがあると、互いの間に気まずい空気が流れ、なかなか以前のようにはつき合えなくなるものです。

縁というものは、ちょっとしたことで簡単に切れてしまうもの。交流を続けたいなら、修復に努めなくてはなりません。

いちばんいいのは「陰褒め」という手法です。

文字通り、本人に直接ではなく、本人と親しい人に間接的に褒め言葉を言うのです。本人に「伝わる」ことが前提ですから、伝わらないかもしれないと不安なときは、「私がこんなふうに褒めていたって言っておいてね」の一言を加えるといいでしょう。

自分への褒め言葉が第三者から伝わると、その信憑性がより高くなります。単なるお世辞や社交辞令ではなく、本心から自分を褒めてくれたと感じるのです。

〝褒め効果〟は絶大です。

「自分を理解してもらいたい、評価してもらいたい」という気持ちは誰にでもあります。関係が悪化しているときは逆に、「理解されていない、評価されていない」という気持ちが強くなるもの。だからこそ、褒め言葉は関係修復に効くのです。

しかも褒め言葉には、**「相手にも、褒め言葉のお返しをしようという気持ちを起こさせる」**という性質があります。

褒められた人は褒めてくれた人に好感を持ち、自分も相手を褒めようという気持ちになるからです。縁が切れそうになっていた相手でも、「陰褒め」をしてもらうと、

「関係が悪化したにもかかわらず、あの人は自分を褒めてくれた。本心、自分に悪感情を抱いたわけではないんだな。心の広い人だなぁ。そこがあの人のすごいところ。見習わなければなぁ」

というふうに感じるものです。こうして **〝褒め言葉の連鎖〟が起こると、二人の関係は間違いなく修復されます。**

この「陰褒め」は、関係が悪化していなくても、人間関係を良くするものなので、いろいろな場面でぜひ応用してください。

ただし、「褒めるポイント」をはずさないように注意が必要です。相手の褒められたいポイントを見抜いて、そこを褒めることです。見当はずれの褒め方をしても、相手はシラケるだけであることもお忘れなく。

5 時には「縁」の棚卸を

一度できた縁は、できる限り切り捨てない。これは縁づくりの鉄則です。縁が広がっていくと、常にみなさんと密につながっていることはできないので、長い間には疎遠になる時期もあるでしょう。場合によっては、疎遠になったまま縁が消滅してしまうこともあります。

ある程度の縁は、時の流れに任せてもいいけれど、長くつないでいく努力はしたほうがいい。

たとえば「年賀状だけのつき合い」というのがあります。毎年季節になると、「もうほとんどつき合いがないから、今年は出すのをやめようかな」と迷う人が何人かいらっしゃるのではないでしょうか。

しかし、迷うなら年賀状は出し続けるべきです。なぜなら気持ちのどこかに、「この人とつながっていたい」という思いがあるからです。そういう思いがまったくないのに、迷うわけはありません。

どんなに疎遠にしていても、思いもかけないときに連絡を取りたくなることがあるかもしれない。そんなときに年賀状だけでもつながっていれば、気安く縁を復活させることができるのです。

たかだか年賀状一枚のこと。「金輪際つき合いたくない」という強い気持ちが動く人は別にして、縁を自ら断つこともないでしょう。

だから私も、年賀状のリストは〝ご縁の更新〟だと思って、あまり整理しないようにしています。いまは年齢も重ねましたから、「まだ生きていますよ」とお知らせするためにも〝年賀状づき合い〟は大切にしています。

とはいえ、生きていれば縁は増え続ける一方ですから、時には「棚卸」をすることも必要でしょう。

私の場合、定期的に発行している「事務所報」をお送りする方のリストや、お中元・お歳暮をお送りする方のリストなどは、4、5年に一度見直しています。

その際の判断基準は、単に「いま現在、おつき合いがあるかないか」ではありません。いまは疎遠になっていても、「この先、何かのときにお会いしたい、ご相談したいと思う可能性があるか、ないか」という観点から判断しています。

縁は将来につなげていくもの。

もちろん、かなり高い確率でつき合いがなくなることが予想される場合は、終えるのも致し方ないところです。

6 「文字の力」を甘く見てはいけません

日本人が今みたいに、文字をこんなに書いた時代はあったでしょうか。

メールによるコミュニケーションがものすごい勢いで発展したいま、オールエイジで「文字を書く」という行為の頻度が増しています。

それ自体はすばらしいことです。日本語力が鍛えられるうえに、右から左へと聞き流されやすい話し言葉と違って、書き言葉は何度も読み返すことができ、記憶に定着しやすいし、記録に残すこともできます。だから、メールは縁を深めるツールとして非常に役に立つのです。

しかし、書くことがお手軽になった分、心配なことがおもに二つあります。

一つは、**感情に任せて筆が滑り、伝えないほうがいいことまで伝えてしまう恐れがあること**です。

顔を突き合わせて話をするときは、相手の表情を読み取りながら、〝言い過ぎ〟に気を配ることができますが、メールではそれができません。筆が滑った文章で、もし相手の気持ちを著しく損ねたり、相手に与える印象を悪くしたりすると、取り返しがつかないのです。

そうなると、せっかくの縁を「文字」によって断ち切ることになる場合もあります。それを防ぐためには、とくに感情的になって書いた文章は、冷静さを取り戻してから、送信する前にもう一度読み返すことが望ましいでしょう。

もう一つは、**「文字として残す言葉」に対する責任感の欠如ということ**です。

話し言葉は出た瞬間に消えていく。だからといって無責任に何を言ってもいいことにはなりませんが、書き言葉のほうがより証拠能力が増します。

よく「言質《げんち》を取られる」と言われます。書き言葉は話し言葉のように「言った・言わないの争い」は起こりにくいもの。しかし、書いたことは証拠として残りますから、書く言葉には、より注意が必要なのです。

現代人はそこを甘く見ているのではないでしょうか。メールやSNS、ツイッターなどで無責任で軽い発言をして、争いの火種をまき散らすようなことが頻繁に起こっています。

自分の発言が炎上を引き起こす事態に発展すると、とてつもなく大勢の人たちとの縁が断たれてしまいかねません。

書面に残る書き言葉は、話し言葉より重いもの。

決して「文字の力」を甘く見てはいけません。

7

「縁」を大切にする人は、お墓参りを欠かさない

あなたは親族や友人、知人のお墓参りをしていますか？

この世で交流した人との縁は、亡くなったらおしまいでしょうか。私はそうは思いません。

輪廻《りんね》転生《てんしょう》、生まれ変わって、また来世で出会いたい。そう信じて、現世での縁を来世、輪廻につなげていきたいと考えています。その意味では、縁というのは時空を超えて続くもので、どちらかの死をもって切れるわけではないと思っています。

親族にしろ、友人、知人にしろ、もっと言えばペットにしろ、大切な人が亡くなるのは身を切られる思いでしょう。でも「縁は続いている」のですから、亡くなった人を思う気持ちを忘れなければ大丈夫、いつかどこかで必ずまた出会えます。

私もそう信じて、たとえば8年前に亡くなった妻のことをいつも思っています。銀

座を歩いているときなどに、ふと「ああ、ここは妻といっしょによく歩いたなぁ」と思い出します。妻といっしょに歩いている気持ちになるのです。

また亡くなった妻と娘の月命日には、必ず二人が眠るお墓に出かけます。

来世、輪廻を意識してというだけではありません。自分が今日まで生きていることに感謝です。私を妻や娘が見守ってくれていることの安心感です——そんな気持ちからです。

お墓参りをする人たちは、「いまは亡き先祖や肉親たち、またはとくにお世話になった先輩たちに、恥をかかせたくない」という気持ちが強く、正しく生きようと努めている人が多いように思えます。

だから**私はお墓参りを大切にする人を信じます**。

常に自分の心と向き合い、どう生きるべきかを自問しながら謙虚に生きているように見えるからです。

お墓参りはそのような心の表れではないでしょうか。

縁というのは死で切れるものではなく、未来永劫《えいごう》に続いていくものなのです。

6章

「縁」が明るい未来をつくる

1 「たまたまの縁×意志＝未来たち」で道を切り開く

「プロローグ」で書いたように、人生とは「数々の縁がつながって描き出すドラマ」です。ということはつまり、これから待ち受けている未来がどうなるかもまた、縁がカギを握っていることになります。

言い換えれば、いままで「たまたまの縁」が人生をリードしてきたように、未来もいろいろ出会う「たまたまの縁」がつくっていくのです。

すでにみなさんは「縁」がいかに重要なものかがわかっています。

誰かと縁ができたことを単に気づくだけでは不十分で、それを行動レベルに落とす必要があること――つまり「縁を活かす」ことの大切さも承知されたと思います。

これから、**いろいろな縁を豊かな人生へとつなげていけるかどうかは、未来への自分の意志にかかっているのです。**

「たまたまの縁×意志＝未来たち」

これが、縁をフルに活用するために意識したい方程式です。

これから、縁にもいろいろ出会うでしょう。意志も変わるかもしれません。結果、いろいろな未来がつくられることでしょう。

このことを考えるとき、私はプロ野球のドラフト制度を想起します。

プロになれるのか、どこの球団でプレイできるのか。選手の未来を決めるのは、球団側の一方的な選択とくじ引きです。

弁護士である私に言わせれば、憲法で保障されている職業選択の自由を侵害する制度とも言えるもの。決していい制度とは言えませんが、選手を獲得する費用が高騰するのを抑止したり、球団間にチーム力の格差が出ないようにしたりするために設けられたという点では、一定の効果があるのでしょう。

チーム力の均衡を図ることによって、ゲームをおもしろくし、ファンの人気を獲得し、プロ野球界を発展させていく――ここを目的としているから、法律的にはどうであれ、公然と認知されているのだと思います。

それはさておき、プロ野球選手は、くじ引きで「たまたまの縁」があったチームへ入団します。

しかし、そこで運命が決するわけではありません。

入団して数年経つとアメリカのメジャーリーグに挑戦できるとか、フリーエージェントで選手の望む球団に移籍できる、といった自由が与えられています。そちらの方向に進みたいという意志があれば、自力で未来を切り開いていくことができます。

それを可能にするのは、たまたま入った球団で国内外のよそのチームが欲しがるくらいの活躍をすることです。

年俸も同じ。チームになくてはならない戦力になろうという未来への意志を持ってがんばれば、数億円プレイヤーになる道も開かれています。

選手はみんな、そういう意志力を持って懸命に練習し、実力に磨きをかけているのです。

ビジネスパーソンや自営業の方たちにも同じことが言えます。

自分で選んだにせよ、そうでないにせよ、いま勤めているのは、「たまたま」が重なって入社した会社です。

ともに仕事をする上司、先輩、後輩、取引先の人たちも、たまたま同じ会社や職場で出会った人たちです。

お客様の多くも、もともとは、何かの縁で自社の商品を手に取ってくれた、あるいはサービスを利用してくれた人たちと言えるでしょう。

そういった「たまたまの縁」を活かし、みんなで力を合わせて、同じ目標に向かう強い意志力を持って、自分と組織の未来をつくっていくのです。つまり、

「たまたまの縁×意志 ↓ 豊かな未来の道を切り開く」

ということになります。

だから、縁という〝未来の因子〟を大切にしたいものです。

2 「縁」が潜在能力を目覚めさせる

私はこれまでに四十七冊の本を執筆・刊行させていただきました。しかし大学を卒業したころ、自分が本を書くことになろうとは、まったく想像もしていませんでした。そんな欲求や能力があるという認識すらなかったのです。

きっかけ（縁）をつくってくださったのは、長野県経営者協会の専務理事を務めておられた方です。彼がたまたま、私が「日本経営者団体連盟速報」という雑誌に連載していた記事に目を留め、小冊子にまとめてくださったのです。

連載といっても、弁護士業務の一環として書いた雑文のようなものでしたから、まさか本になるなど思いも寄らないこと。ましてや原稿執筆を自分のライフワークの一つにしようという野望も持ち合わせてはいませんでした。ちなみにライフワークとは、「自然体で自分らしく、一生をかけて取り組むことができること」を言っています。

ところが私はだんだん、自分の感じたことや考えたことを書き留めることが快感になっていったのです。「書く」ということに対して、心のなかに潜在的に眠っていた願望が目覚めたのだと思います。

やがて事務所にいた所員のご主人が講談社に勤めておられた縁があって、そこから出版する機会に恵まれたのです。さらに「知り合いの知り合い」という縁で、当時のかんき出版の社長からアドバイスを受けながら、出版してきました。

この人たちとの出会いがなければ、本を書くことをライフワークと思って取り組んでいる私のいまはなかったでしょう。

このように、縁とは時には潜在意識にある思いを目覚めさせるものです。それによって未来の絵図がまったく違ってくるのです。

たとえば世界のホームラン王・王貞治さんは、荒川博コーチと出会い、指導を受けたことで、「世界の王」への道を切り開きました。

またお笑い芸人だったジミー大西さんは、テレビ番組の企画で絵を描き、画才が高く評価されたことがきっかけで、画家という道も歩み始めました。

有名人ばかりではなく、世の中には、ひょんなことがきっかけで、自分でも気づかなかった潜在能力が発掘され、才能が開花した人はたくさんいます。

「旅先で出合った雑貨店に魅了されて、輸入雑貨商になった」

「小説に刺激されて趣味で始めたことが本業になった」

「ブログで書いたことが評判になって、その道の専門家になった」

……など。

新しいチャレンジを前にしたとき、「自分にはできない」と尻込みせず、「これも何かのご縁だ」と捉え、やってみてはどうでしょうか。思わぬ才能が顔を出すかもしれません。

3 熟達者をメンターに

企業ではどこもだいたい「定年制」を敷いています。社員は60歳もしくは65歳でリタイアするのが半ば一般的です。

このような状況になるとおもしろい現象が起きます。リタイアが近くなった人の豊富な体験を、事前に聞いておこうとする現役組の人がいます。

一方、リタイアする人には一切関心がなく、これから出世していきそうな人のほうばかりを気にする現役組の人が出てくるのです。これは周りから、小賢《こざか》しく見えるので気をつけましょう。

ところで、会社の未来を考えたとき、年齢で一律にリタイアの時期を決めるのがいいとは限りません。現実に、たとえば製造業などでは技術の継承がうまくいかず、業績を落としているところもあると聞きます。

四十数年の長い間勤めあげてきて、専門的な技術・知識を豊富に持つ熟達者を、定年だからと辞めさせるのは良し悪しです。

もちろん「後進に道を譲る」という言葉があるように、年長者がいつまでも第一線に居続けることには弊害があります。若手がいつまでも上のポジションに行けないとか、若手の新しい発想ややり方が採用されにくい、組織の新陳代謝が進まずに時代的に古い体質になる……など。

ですから、シニア社員が定年と同時に第一線から引くことは必要でしょう。

ただリタイアまでしなくてもいいのではないか。必要に応じて、後進のメンターとして会社に残る、あるいは経験を見込んで他社が積極的に採用する、といった選択肢を提供することも大事ではないかと思うのです。

実際、当事務所では、法曹界で現場の第一線から退いた方を、客員弁護士にお迎えしています。実務をお願いするというより、私を精神的に教え導くメンターとしての役割を期待してのことです。所員たちも、何かと相談に乗ってもらい助かっています。

先生方は、ご経歴もご経験も豊富な人物ながら、決して知識をひけらかすことなく、柔和な雰囲気をお持ちです。しかも存在感そのものに重みがあります。

このような熟達者に縁をいただくことは、自分や会社の未来をつくるうえで非常に重要なことです。

とくに真のリーダーとして大きく成長していくためには、次のような方にご意見番、後見人として縁をいただきたいものです。

・原理原則を気づかせてくれる人
時代や場面にかかわらず通用するヒントをいただく

・面と向かって直接言ってくれる人
自分にとって耳の痛いことを言う人がそばにいる

・ある程度の距離感を保ちながらも気にしてくれる人
自分が悩んでいるときに問い合わせても、何のしがらみもなく答えてもらえる

そのほかにも次の条件を満たす人を、メンターとして縁をつないでください。

①年長者である
②つき合いがよい
③軸がぶれない
④利害関係がない
⑤叱られたことがある
⑥電話でアドバイスを求められる間柄である

一人で悩んでいると、視野が狭くなってしまい、逃避感情も出やすくなります。そんなときに近くに頼れるメンターが「いてくださる」と、直接アドバイスが受けられるだけではなく、非常に大きな安心感が得られます。

あなたにも、これらの条件を満たすメンターと縁をつなぐことをお勧めします。

4 自分より若い人との「縁」を、互いの成長の刺激剤に

学ぶ対象に年齢は関係ありません。

『論語』にこんな言葉があります。

「後生《こうせい》畏《おそ》る可《べ》し。焉《いずく》んぞ来者《らいしゃ》の今に如《し》かざるを知らんや。四十五十にして聞こゆること無くんば、斯《こ》れ亦《ま》た畏るるに足らざるのみ」

解釈すると、

「年長者が若者より優れているとは限らないのだから、若者を侮《あなど》ってはいけない。年長者に若い人たちから学ぶ姿勢がなくなると、成長はそこでストップし、40代、50代になってもひとかどの人物にはなれないし、尊敬に値しない」

と断じているのです。

このくだりから私たちが学ぶべきは、「とくに若い人との縁を大切にし、自分自身が成長し続けていくための刺激剤にする」ことです。

ここで言う「若い人」とは、自分より若い人すべてです。

経験や年齢を重ねるにつれて、人は傲慢になっていきがち。相応の経験を積み、知識が豊富になり、技能が熟達したことで自信がつきます。そのために「後輩から学ぶことなどほとんどない」という気持ちになるのでしょう。

なかには若い人たちから何かを教えてもらうことを屈辱と感じる人さえいます。

そんな狭い了見の人間にはなりたくないものです。

たしかに若い人たちは経験が少ない分、未熟なこともありますが、年長者にはない優れた点もたくさん持っています。固定観念や既成概念の枠を楽々超えるだけの柔軟性があるし、最先端の技術や知識を理解・吸収するのも速い。流行にも敏感です。

つまり、成長速度の高い人が若い年代に多いのです。

とくに1985年以降に生まれた人たちは、パソコンやインターネットのある環境で育っているので、デジタルネイティブ世代と言われているそうですね。しかし彼らと会っていると、専門的な用語は理解できなくても、その場にいるだけでも、彼らの視点、問題意識が皮膚感覚で伝わってきて、大いに刺激になります。

若い人に、年長者である自分にはないものを感じたら、素直に教えを受ける。年齢に関係なく謙虚になって、学ぶべきことは学ぶことが大切なのです。

私も、いまだに若い人たちに触発されることは非常に多いと実感しています。

人間の成長には「ここで終わり」というものはありません。自ら刻んだ年輪の上にあぐらをかくことなく、若い力をカンフル剤にしながらさらに年輪を刻み、たくましい幹をつくっていきたいものです。

それでなくてもベテランになると、自分にモノ申す人が減ってくるので、自分から積極的に若い人たちとの縁を求めていくことが望まれます。

それと同時に、若い人が大きな夢を描いているとき、遠くが見えるように、あなたが「踏み台」という縁になってあげることを考えてあげたいもの。たとえば、人の紹介などが最大の価値になります。

5 「縁」は回すと、どんどん大きくなる

「縁の総量」というものを意識したことがあるでしょうか。

最初に一人の人と出会い、その人が別の人を紹介してくれる。そうして出会った人がまた、別の人を紹介してくれる。そういった形で縁が縁を呼び、「縁の総量」が増えていきます。

福沢諭吉は『学問のすゝめ』のなかで、こんなことを言っています。

「人に交わらんとするには啻《ただ》に旧友を忘れざるのみならず、兼ねてまた新友を求めざるべからず」――。

古くからの親友を大事にしながらも、新しい友を求めなさい、というのです。

その福沢はまた、「十人の内一人、気の合う人が見つかる偶然があったとすると、二十人に会えば二人の偶然を得ることができる。だから、たくさんの人と接し、交流

するといい」とも言っています。

これは非常に大事なことです。もっと言えば、もし交流のできた一人の人が二人を紹介してくれるとすれば、十人に出会えば二十人の人と縁ができ、さらに四十人と縁ができ……といった具合に、「縁の総量」をどんどん増やしていくことも可能です。

縁というのはお金と同じで、天下の回りもの。貯め込んでいるより、どんどん使ったほうが世の中に回っていきます。ですから、せっかくの縁を自分一人でため込んではダメ。**ほかの人にも〝縁のお裾分《すそわ》け〟をしながら、ぐるぐる回していくと、よりダイナミックな縁のネットワークをつくることができる**のです。

そういったネットワーク——言い換えれば人脈を持つと、いろいろなチャンスが舞い込んできます。

ピンチに陥ったりして困ったときに、いろんなところから救いの手を差し伸べてもらえます。

縁が広がると同時に、知識や情報の総量も増えていきます。

つまり人生の未来を切り開くうえで、それまで築いてきた縁——人とのつながりと知識・情報ほど頼りになるものはありません。

ただし、**縁づくりにおいて大事なのは、協力しよう、応援しよう、という他者への思いがあってこそのもの**。そういう気持ちを持って、自ら縁を広げる努力をしてきた人だけが得られる特権なのです。

自分のなかだけに縁を囲い込んでいると、その特権が得られません。「自分の都合のいいときだけ、協力してください、チャンスをください」と言ったところで、「そんな虫のいい話があるか」と突っぱねられるのがオチです。

そこは注意が必要なところ。自分の利益だけを考えず、人のために尽くす心を持って縁を広げていって初めて、縁は「結果的に」未来を切り開く資産となりうるのです。

6 「再会」という名の「縁」を大切にする

前項の「縁の総量」を増やすことと同じくらい大事なことがあります。

新しい縁を求めることも大切ですが、今までの縁を丁寧にケアすることもきわめて有効です。

言い換えれば、出会ったそれぞれの人への思いをずーっと持ち続けること。つまり、**「縁の時間軸を伸ばす」こと**なのです。

その間、密に交流することは、必ずしも重要ではありません。それこそ「年賀状だけのお付き合い」でもいい。「ご縁のあったあなたのことを覚えていますよ」ということを発信し続け、**関係を温めなおす努力をすることが大切なのです。**

私自身、やがて「年輪」のように広がっていく継続性を意識して、一人ひとりの方と初対面のときからの縁を大切にしようと思い続けています。だから10年、20年、30

年、40年、50年と長くお付き合いいただいている方がたくさんいるのでしょう。

とりわけ重視したいのは、学生時代の友人や先輩、後輩たちです。利害関係のない時代に交流した彼らは、長じても私心・邪心なくつき合える「腹心の友」とも称すべき存在です。何十年とご無沙汰をしていても、互いの現在の地位・肩書がどうであれ、再会を機に理屈抜きで応援してくれます。

「日経新聞の『私の履歴書』と『交遊抄』というコラムを20年以上愛読してきた」という前出の鮒谷さんによると、成功者にはパターン認識されるいくつかの特徴があるそうです。とくによく見受けられるのは、

「お互いの立場が何者でもなかったときに、友だちとしての縁が始まり、それから十数年、さらには数十年と続き、お互いを助け合えるようになっていく」

という構造だとか。

なかでも「長い時を経て再会したことから、新たな縁が深まった」というパターンが多いと言います。そしてみなさん、口を揃えるように次のように語るそうです。

「まさか、学生時代の友人とこんな関係になるとは思わなかった」

それほどに「再会」という名の縁はありがたいものなのです。それも細々とでもつながっていればこそのこと。再会すれば、一瞬にして昔ながらの親しさがよみがえる、それが学生時代の友だちの良いところでしょう。


みなさんは学生時代の友だちを大切にしていますか？

もし疎遠になっているとしても、いまからでも遅くありません、便りの一つ、電話の一本でもして、縁をつなぎ直してください。

「何者でもなかったときの友だち」との関係は、後々にどんなふうに発展していくかわかりません。未来を変える力になるかもしれません。

決して無闇に切り捨てないことです。

7 人生を豊かにする「縁」づくり十カ条

本書のまとめとして、縁づくりに必要な十カ条をあげておきます。

第一条　出会ったことを感謝する

出会ったすべての人、モノ、コトに対して感謝する心があれば、縁を大切する気持ちがわいてくる。すれ違っただけの人に対しても、常に「一期一会」の精神を持って接する心の余裕を持ちたいもの。

第二条　好奇心を強め、五感を磨く

好奇心旺盛な人は、いろいろな分野に興味を持ち、アンテナを高め、五感を磨いている。話題も知識も豊富になり、相手の記憶に残るおもしろい話の引き出しが増える。結果、多くの人との縁のネットワークを広げていくことができる。

第三条　相手を思いやる

「相手のお役に立つことはないか、力になれることはないか」という思いで、常に人と接し、話を聞くこと。そのとき相手もこちらの気持ちに応えて、縁の好循環がつながっていく。

第四条　自分の強み・魅力を知る

「また会いたい」と思ってもらうためには、上手に自己アピールすることが重要。どんなことで自分はよく褒められるのかを思い出し、その客観的評価を自分の強み・魅力と認識する。ただし自己アピールは「さりげなく」が鉄則。

第五条　異質の人と交わる

自分にはないものを持った人との縁を大切にすると、未知の知識・情報・人脈が得られ自分の世界が広がるうえに、自身の弱点補強にもつながる。同質の人とは、互いに専門性や得意なことを深めていく交流が望まれる。

第六条　謙虚である

自慢話をしている人ほど、自分では自慢話はしていないと思いがち。目下の人への横柄な態度も同じ。傍から見ていても気分のいいものではない。常に謙虚を心がけ、自分を脇に置いて、相手の良さを探すことに努める。

第七条　本もメンターにする

小説であれ、伝記、ドキュメンタリー、ビジネス書、啓蒙書であれ、本から学ぶことは多い。年齢や経験によって感じ方が変わっていくこともおもしろい。作家や登場人物たちと深く関わり、本というメンターと縁をつないでおく。

第八条　偶然を必然にする方法を考える

縁というのは奇跡的な偶然の賜物。けれどもその縁がつながり、広く深くなっていくと必然、つまり「出会うべくして出会った」という状況になる。とくにまだつき合いの浅い人とは、二度三度と会う機会が増えていくように、気を入れてコミュニケーションをとる。

第九条　長く思い続ける

多少疎遠になっても、相手の存在を忘れていないこと、思い続けていることを何らかの形で発信し続ける。いつまた再会して密な交流が復活するかわからないので、縁の糸は細く長く紡いでいくことに意味がある。

第十条　自然をよく観察する

人間は自然の一部。空、雲、森、海、川、動植物……自然をよく観察していると、そこに無言の教えがあることに気づき、思わずはっとすることが多い。自然の営みは人生という人の営みのヒントになる智恵がいっぱい詰まっている。

ひとこと

今年傘寿を迎えた私をずっと支え続けてくれた「縁にまつわる智恵」をまとめた本書が、みなさまのお役に立てることを心より願っています。

私の著書を初めてお読みいただいた方、ご縁ができたこと嬉しく思います。すでに何冊かお読みいただいている方、ご縁が深まれば幸せです。

本書の出版にあたり、鮒谷周史様、千葉順子様、齊木絵津子様にはたいへんお世話になりました。深く感謝いたします。

高井伸夫

参考文献

『老子』蜂屋邦夫訳注　（岩波文庫）岩波書店
『荘子・下』市川安司・遠藤哲夫著（新釈漢文大系8）明治書院
『論語』金谷治訳注（岩波文庫）岩波書店
『学問のすゝめ』福沢諭吉（岩波文庫）岩波書店

【著者紹介】

高井　伸夫（たかい・のぶお）

◉——弁護士としての本業以外に、50年以上にわたり企業経営の改革・再建に取り組み、人事・労務問題の第一人者として特に著名。

◉——著者のことを「ご縁のプロデューサー」と評し、ご縁のつなげ方、広がり方に共鳴し、感謝する人が後を絶たない。相手が会話で心配事、困ったこと、願望などを何気なく話をしただけでも、翌日には、解決するための最適な人を紹介したり、方法を伝授したりしている。

◉——飲食店でまじめに働いている海外から来た青年にも気楽に声をかけ、著者が海外出張時に彼の実家にも訪ねたりする。その彼は今や有名人となり著者との縁も続く。著名なベンチャー企業の経営者にも「無名時代からのご縁を大切にしていただいている」と言う人が枚挙にいとまがない。

◉——日本盲導犬協会理事長時代に短期間で多くの賛同者を巻き込んで協会を立て直したことで、「ご縁づくりの達人」と言われた。

◉——著書は、ベストセラーになった『朝10時までに仕事は片づける』『３分以内に話はまとめなさい』などの自己啓発書から、『人員削減・賃金ダウンの法律実務』などの専門書まで47点に及ぶ。

◉——1961年東京大学法学部卒業。63年弁護士登録。

一流《いちりゅう》の人《ひと》は小《ちい》さな「ご縁《えん》」を大切《たいせつ》にしている　〈検印廃止〉

2017年５月15日　第１刷発行
2024年４月１日　第４刷発行

著　者——高井　伸夫
発行者——齊藤　龍男
発行所——株式会社かんき出版
東京都千代田区麹町4-1-4 西脇ビル　〒102-0083
電話　営業部：03(3262)8011㈹　編集部：03(3262)8012㈹
FAX　03(3234)4421　振替　00100-2-62304
http://www.kanki-pub.co.jp/

印刷所——ベクトル印刷株式会社

 ISBN978-4-7612-7259-3 C0030